contra
o consenso

Ensaios e resenhas

contra
o consenso

ensaios e resenhas

Reinaldo Azevedo

Copyright © 2005 Reinaldo Azevedo

Todos os direitos desta edição reservados à Editora Barracuda.

Agradecimentos a Luiz Felipe Dávila/revistas *Bravo!* e *Primeira Leitura* pela cessão dos artigos.

Projeto gráfico e capa: Marcelo M. Girard

Preparação: Rodrigo Villela

Revisão: Ricardo Jensen de Oliveira e Antonio Lima

Composição: IMG3

Dados Internacionais de Catalogação na Publicação (CIP)
(Câmara Brasileira do Livro, SP, Brasil)

Azevedo, Reinaldo
  Contra o consenso: ensaios e resenhas /
Reinaldo Azevedo -- São Paulo : Editora
Barracuda, 2005.

  Bibliografia:
  ISBN 85-98490-11-3
  ISBN 978-85-98490-11-3

1. Cinema 2. Cultura 3. Ensaios brasileiros
4. Jornalismo 5. Literatura I. Título.

05-2210   CDD-869.94

Índices para catálogo sistemático:
1. Ensaios : Literatura brasileira   869.94

1.ª edição, 2005
1.ª reimpressão, 2007

Editora Barracuda Ltda.
R. General Jardim, 633 - cj. 61
São Paulo SP
CEP 01223-011
Tel./fax 11 3237-3269
www.ebarracuda.com.br

Às Marias da minha vida,
Aparecida, Lílian, Clara, Luíza.

À memória de meu pai, Rubens,
com quem aprendo mais a cada dia.

Índice

Só letras 12

Ariano Suassuna: As armas do barão assinalado	13
Monteiro Lobato: O Voltaire da Botocúndia	19
Fernando Pessoa: Virgílio no espelho	25
Manoel de Barros: A sintaxe quando susto	35
Fernando Pessoa: Ruído na mensagem	39
Rubem Fonseca: A confraria do Zé Rubem	43
Sérgio Lemos: Ecos do silêncio	47
Marquês de Sade: Chatice e transgressão	53
João Gilberto Noll: A hora da preguiça	55
Júlio Bandeira: Um Brás Cubas da desintegração	57
André Sant'Anna: Novo e conseqüente	59
Cazuza: Herói de classe	61
Eça de Queiroz: Eça, personagem de Eça	65
Álvares de Azevedo: O anti-herói da lira	75
Murilo Mendes: Cem anos no azul do caos	81

Carlos Drummond de Andrade: Gênio prosaico — 87

Mário Faustino: De volta ao eterno — 91

Graciliano Ramos: Da piedade intransitiva — 105

Jean Genet: A liberdade radical — 119

Mário de Sá-Carneiro: O fingidor fatal — 125

Romance d'A Pedra do Reino: O retorno — 129

Um pouco de cinema 134

Cinema de autor: Algo não tem nada a ver — 135

Coração Iluminado, de Hector Babenco: Sem apelo — 143

Paixão Perdida, de Walter Hugo Khouri: O mesmo e sempre melhor — 145

Cronicamente Inviável, *Beleza Americana* e *Magnólia*:

    O mal-estar de duas civilizações — 149

Cinema político: O direito a uma alma — 153

As Invasões Bárbaras: O fim da esquerda — 159

Cidade de Deus: O Oscar e misérias — 163

Diários de Motocicleta, de Walter Salles: O bom selvagem — 167

Michael Moore: O perfeito idiota norte-americano — 173

Tenda sem milagres — 179

Tudo é muito pouco 186

Zé Celso: um contínuo de si mesmo	187
Antiamericanismo: o recalque do oprimido	191
Intelectuais para quê?	197
Imprensa: notícias de uma queda	201
Excursão à obra de Edward Hopper	207
Otavio Frias Filho: Ensaios de risco	211
Homo petistans	221
Liberdade individual para quê?	225
Amanhã nunca mais	231
Cultura da diluição	237
A Fuvest e a catraca	243
Os intelectuais e o governo: Triunfo da *burritsia*	249

"A coisa essencial a respeito do bárbaro é ser totalmente moderno; pertence inteiramente à sua época porque a raça que é a sua não teve época civilizacional antes (...). O canibal, se estivesse aqui, sempre pediria (teria) os últimos pratos."

Fernando Pessoa

Só letras

Ariano Suassuna
As armas do barão assinalado*

No domingo final deste mês de maio [1998], como em todos os outros, já há seis anos, uma cavalhada no sertão pernambucano consagra o escritor Ariano Suassuna como o inspirador de uma festa popular e celebra alguns dos fundamentos míticos da identidade nacional. Um grupo de cavaleiros paramentados com as alegorias, as armas e as bandeiras de inspiração medieval vai deixar a sede do município de São José do Belmonte (PE), já na divisa com a Paraíba, e andar 30 quilômetros até a Pedra do Reino, duas elevações rochosas de trinta e 33 metros de altura, para relembrar, por intermédio da cavalgada sertaneja, os macabros acontecimentos que lavaram as rochas de sangue entre os dias 14 e 18 de maio de 1838, há exatos 150 anos.

Um movimento messiânico, autoproclamado sebastianista, conduziu à morte pelo menos 83 pessoas — trinta delas crianças — em quatro jornadas cruentas. Nas três primeiras, os líderes exortaram os fiéis ao suicídio e ao infanticídio por suposta ordem de dom Sebastião — o rei português desaparecido aos 24 anos na batalha de Alcácer Quibir, em 1578 —, que, em paga, não só lhes devolveria a vida como ali desencantaria para instaurar um reino da justiça e da liberdade. Na quarta jornada, fazendeiros e a polícia comandaram uma expedição contra os fanáticos, que resultou na morte de trinta fiéis. É essa a expedição recontada pela cavalhada.

---

* Originalmente publicado na revista *Bravo!* nº 8, em maio de 1998.

O que deu asas à imaginação do líder do tal movimento, João Antônio dos Santos, foram versos de um folheto de cordel sobre a volta de dom Sebastião. Daí por diante, tudo indica, ele e um cunhado, João Ferreira, usaram toda sorte de pilantragem para extorquir dinheiro dos fazendeiros e juntar uma massa de fanáticos que passaram a incomodar os poderosos e a própria Igreja Católica. Euclides da Cunha, na parte "O Homem", de *Os Sertões*, assim fala da Pedra do Reino: "O transviado encontrara meio propício ao contágio de sua insânia. Em torno da ara monstruosa, comprimiram-se as mães erguendo os filhos pequeninos e lutavam, procurando-lhes a primazia no sacrifício... O sangue espadanava sobre a rocha jorrando, acumulando-se em torno (...)". José Lins do Rego também explorou o massacre em *Pedra Bonita*.

Mas foi com o paraibano Ariano Suassuna que aqueles episódios sangrentos serviram de pretexto para uma obra-prima, o seu *Romance d'A Pedra do Reino*. O livro — um catatau de 623 páginas editado em 1971 pela editora José Olympio, já esgotado** — deu origem à festa popular. Tal sucessão é inédita na história do país: a realidade copiou o folhetim popular, pagou seu tributo sangrento em história, voltou à letra impressa pela pena de Ariano e, de novo, ganhou curso entre os homens do povo. É a síntese viva do Movimento Armorial criado pelo autor na década de 1970.

Substantivo em português, adjetivo na releitura de Ariano, o termo "armorial" designa o conjunto de bandeiras, insígnias e brasões de um povo. Ariano diz à *Bravo!**** que a heráldica, no Brasil, é, antes de tudo, popular. É o homem do que ele chama "quarto estado" que tem paixão por esses signos, expressa, por exemplo, nas bandeiras de futebol.

** Em 2004, seis anos após a publicação deste ensaio, a editora José Olympio lançou uma nova edição do *Romance d'A Pedra do Reino*.
*** Entrevista feita por Bruno Tolentino e publicada na mesma edição em que se encontra este ensaio, em maio de 1998.

Daí a escolha do nome "armorial" para um movimento que busca "as raízes populares da cultura brasileira para chegar a uma arte erudita". Mas aqui começam os problemas. Das suas origens — filho de latifundiário — às pelejas intelectuais ao longo da vida, o autor, que jamais viajou ao exterior, tem sido vítima de uma espécie de patrulha cosmopolita, que se manifesta pelo silêncio. Se seu teatro mereceu a acolhida da crítica, sua prosa foi e tem sido estupidamente ignorada. Esgotado há mais de vinte anos, *A Pedra do Reino* é um monumento da literatura moderna de expressão portuguesa dificilmente igualável por qualquer critério que se queira e faz de Ariano o maior prosador brasileiro vivo. Mas o que tanto incomoda a tal vigília nada cívica?

Ariano é um autor que bebe cristalinamente nas fontes da literatura ibérica e do catolicismo medievais. Para entender o seu teatro, por exemplo, é preciso penetrar no universo picaresco e no catolicismo popular em que o Bem e o Mal (Calderón de la Barca, Gil Vicente, Padre Anchieta) disputam a alma humana e lhe ditam nortes éticos distintos. Estamos no mundo da queda e da redenção. A queda se revela em linguagem farsesca, conivente com o público em sua malandragem. A redenção expressa o fundamento da remissão dos pecados, geralmente pela intervenção divina. As personagens de Ariano, no entanto, não são as mesmas da pequena burguesia ordinária da *Trilogia das Barcas*, de Gil Vicente, por exemplo. Seu universo é o do homem do Nordeste, da cultura sertaneja. A forma de seus autos se deixa influenciar pelo teatro de bonecos, pelo mamulengo.

Há nesse arranjo tudo de intenção. Ariano faz escolhas, patentes também em sua prosa. É ele quem diz: "Toda cultura universal é primeiramente local. *Dom Quixote*, de Cervantes, expressa a realidade de Castela. Shakespeare é elisabetano. Quando leio Dostoiévski, encontro ali os dramas do homem segundo o ponto de vista e a cultura da Rússia. Eu, então, me baseio na cultura popular brasileira para fazer meu teatro, meus romances, minha poesia". Ocorre que Ariano escreve sobre o Brasil em língua de origem inequivocamente portuguesa, sem jamais flertar com qualquer vanguarda ideológica ou formalista que lhe desculpe essa herança. Não se vê nele nem mesmo um herdeiro da Geração de 30, como às vezes se quer.

Não se lê em Ariano a preocupação de ideologizar o romance nordestino ou, mais amplamente, a prosa ou a cultura nordestinas no mesmo tom de denúncia ou de recaída naturalista que marcaram a geração de escritores do Nordeste emigrados para o Rio. Ele também não flertou com realismos socialistas ou morenices sensualistas. E, nem por isso, falou de um ponto de vista menos compromissado. É em seus compromissos que estão sua grandeza e seu assumido limite. Em *Romance d'A Pedra do Reino*, já observou o crítico Wilson Martins no ensaio "Romance Picaresco?" [in *Pontos de Vista*, vol. 9, T. A. Queiroz Editor, pp. 175-80], Ariano não optou pela farsa ou pelo picaresco em busca do norte moral. O texto costura os traços fundadores da cultura brasileira e em seu percurso confronta teorias diversas sobre a terra e a gente do Brasil.

Ao voltar aos episódios cruentos da Pedra Bonita (nome original do lugar), Quaderna — o personagem-narrador que pretende, cem anos depois, usar os acontecimentos ali havidos para fazer a grande epopéia nacionalista brasileira — não é outro senão o próprio Ariano. As personalidades com as quais convive estão divididas entre as correntes de pensamento que ditaram as vogas ideológicas na década de 1930: integralistas, comunistas e intelectuais de formação européia. Em suas páginas se debatem temas como a função da arte e o confronto entre o Estado e o indivíduo e entre os valores éticos e os estéticos. Num texto que prefere o universo rural ao urbano, a cultura regional a supostos temas universais, o alter ego de Ariano transita entre Sílvio Romero e Joaquim Nabuco e vai compondo um imenso e fecundo painel da cultura brasileira. Em prosa, talvez a mesma tentativa, mas com divisas assumidamente ideológicas e urbanas e numa dimensão reduzida, tenha sido feita por Paulo Francis em *Cabeça de Negro*. Nos dois casos, estamos diante de romances de idéias.

E elas mudam. Embora considere a sua principal obra, Ariano afirma a *Bravo!* que submeteria *A Pedra do Reino* a mudanças: "Eu gostaria de acrescentar um pouco do urbano. O livro também seria mais curto, como está sendo editado agora em Paris. Eu praticamente o refiz". Ele se refere à versão francesa — *La Pierre du Royaume* —, assinada por Ydelette Muzart, publicada em março pela editora Métailé. A capa traz um subtítulo provocativo: "Versão para europeus e brasileiros de bom senso".

Quem refaz também renega. Ariano rejeita hoje a continuação d'*A Pedra*: *História d'O Rei Degolado*, publicada em 1977, o segundo volume da prevista trilogia que se completaria com *Sinésio, o Alumioso*. E explica a razão: "O elemento pessoal entrou com uma força que eu não desejava". O autor se refere aos episódios que antecederam a Revolução de 30, que resultaram nos assassinatos de seu pai, João Suassuna, e de João Pessoa, então presidente do Estado da Paraíba, transfigurados e transportados para o texto.

Ariano conta que cresceu lendo nos jornais e nos livros de história que seu pai, representante das forças rurais, era o mal, e que João Pessoa, seu adversário, era o bem. Fez o que um filho de bem pode fazer diante do corpo tombado do pai: tomou o seu partido. Diz um de seus sonetos: "Aqui reinava um rei quando eu menino/ Vestia ouro e castanho no gibão,/ (...)/ Mas mataram meu pai. Desde esse dia/ Eu me vi como um cego sem meu Guia,/ Que se foi para o Sol, transfigurado./ Sua efígie me queima. Eu sou a presa./ Ele, a Brasa que impele ao Fogo, acesa,/ Espada de ouro em Pasto ensangüentado". O mesmo compromisso que o fez refletir em sua obra a sua própria história também o levou a uma espécie de retiro literário. Já "passando da idade madura para a velhice", o escritor diz ter entendido que os episódios de 30 estavam longe de refletir a luta do Bem contra o Mal, mas "o confronto entre privilegiados do campo e os privilegiados da cidade".

Ariano não é, evidentemente, o primeiro autor brasileiro a incorporar a cultura popular à narrativa com um sentido de estudo. Antes dele, Mário de Andrade fez de *Macunaíma* uma espécie de síntese dos falares brasileiros. Mas há uma diferença: quando Mário não é apenas o turista descritivo ou o compilador dos cocos, sua visão de Brasil é pessimista. Comparem-se Macunaíma e o João Grilo de *Auto da Compadecida*. O primeiro merece o epíteto de anti-herói; o segundo, não. Grilo é um herói de fato; é, como diz Ariano, o quarto estado vencendo a burguesia, o clero e a nobreza. Macunaíma é a melancolia tropical. Que o Mário de *Macunaíma* seja considerado um gênio em certos círculos acadêmicos e Ariano, ignorado, é compreensível: afinal, o primeiro representa os nossos mais acalentados sonhos de derrota, e o segundo aponta para um futuro possível, para um sonho de vitória.

Com freqüência, a inteligência brasileira está preparada para perder, jamais para ganhar (FHC chama a isso de fracassomania...). A alegria é uma espécie de exotismo reservado aos Joões Grilos do povo, que se deve experimentar com o distanciamento crítico de um antropólogo. Ademais, Ariano não aproveitou os seus estudos para alimentar discursos antropófagos de fácil deglutição, não juntou Carmen Miranda e Coca-Cola para vencer o complexo de autor subdesenvolvido situado na cloaca do mundo. Até porque sempre falou das alturas.

Monteiro Lobato
O Voltaire da Botocúndia*

Uma impostura faz aniversário junto com os cinqüenta anos da morte de Monteiro Lobato (1882-1948), neste mês [julho de 1998]: a classificação de sua obra, e de outros, como pré-modernista, embora não se saiba direito — e nunca ninguém explicou — o que isso quer dizer. Esse "pré" pode ter um sentido cronológico (veio antes do modernismo), demiúrgico (antecipou o modernismo) ou o que acabou prevalecendo: Lobato é quase moderno, como se tivesse produzido uma obra tão manca quanto a classificação, na qual falta em rigor o que excede em má vontade com o escritor de *Urupês* (1918) e *Cidades Mortas* (1919), dentre tantos outros livros. Se Lobato — assim como Lima Barreto ou Graça Aranha — era um "quase", pelo menos metade de seu corpo ou de sua obra deveria estar a olhar para o passado. Para onde? Naturalista não era. Parnasiano tampouco. Que diabo, afinal, era o Lobato? Avisos não faltaram. Alguns vindos de personagens insuspeitas.

"Você foi o Gandhi do modernismo brasileiro, jejuou e produziu, quem sabe, nesse e noutros setores, a mais eficaz resistência passiva de que se pode orgulhar uma vocação patriótica. No entanto, martirizaram você por falta de patriotismo." Com essas palavras, em uma carta, Oswald de Andrade, o pai da propaganda modernista brasileira, referia-se aos 25 anos de *Urupês*.

---

* Originalmente publicado na revista *Bravo!* n° 10, em julho de 1998.

O livro, de certo modo, selou a sorte de Lobato para a posteridade longínqua, não importa quanto tenha feito pela cultura nacional nos anos subseqüentes. Dentre os quatorze textos selecionados pelo autor para publicação, estavam "Velha Praga" e "Urupês", que dá nome ao conjunto. Em ambos, aparece o Jeca Tatu. Escreve o autor no primeiro: "Este funesto parasita [urupê] da terra é o caboclo, espécie de homem baldio, seminômade, inadaptável à civilização (...). O caboclo é uma quantidade negativa. Tala cinqüenta alqueires de terra para extrair deles o com que passar fome e frio durante o ano (...). Quando se exaure a terra, o agregado muda de sítio (...) nada mais lembra a passagem por ali do Manoel Peroba, do Chico Marimbondo, do Jeca Tatu ou outros sons ignaros, de dolorosa memória para a natureza circunvizinha".

Na quarta edição, pediu desculpas ao caipira, ferozmente responsabilizado pela própria miséria e indolência. Reconheceu que seu estado era fruto de doenças endêmicas e da falta de educação, decorrentes da desatenção do poder público, o mesmo que o mandaria para a cadeia em 1941. O texto — originalmente uma carta enviada a *O Estado de S. Paulo* e publicada pelo jornal no dia 12 de novembro de 1914 — já tinha provocado, no entanto, os estragos que poderia provocar.

A figura do Jeca marcava o livro de tal modo — muito em razão da virulência do autor — que os avanços formais do texto lobatiano e a sua abrangência temática acabaram solenemente ignorados. Ficou sendo para sempre o reaça que crucificou o jeca de cócoras (até ser ele próprio contaminado pelo ruído da personagem que criou). Não foi uma revolução, é certo. Tal termo empregado à literatura ou ao que quer que seja que não uma coletividade realmente armada para subverter o *status quo* não passa de metáfora idealista. Arte não faz revolução. Há, em todo tempo, produção "de reação" tão boa ou superior à de qualquer vanguarda. Lobato só foi empilhado no armazém fantasma dos "prés" porque dois de seus livros importantes foram produzidos antes da Semana de Arte Moderna de 1922, que se quis (e foi querida) um marco revolucionário à força do muito panfletear.

O que o modernismo brasileiro teve de programático e libertário — mormente na poesia, apesar de tanto estrago... —, Lobato realizou em sua prosa discreta sem, por exemplo, o barulho de um Andrade e a vocação para "desescrever" manifestos do outro. Assim começa "Urupês", o texto: "Esboroou-se o balsâmico indianismo de Alencar ao advento dos Rondons que, ao invés de imaginarem índios num gabinete, com reminiscências de Chateaubriand na cabeça e a *Iracema* aberta sobre os joelhos, metem-se a palmilhar sertões de Winchester em punho. Morreu Peri, incomparável idealização dum homem natural como o sonhava Rousseau, protótipo de tantas perfeições humanas (...). Contrapôslhe a cruel etnologia dos sertanistas modernos um selvagem real, feio e brutesco, anguloso e desinteressante, tão incapaz, muscularmente, de arrancar uma palmeira, como incapaz, moralmente, de amar Ceci. A sedução do imaginoso romancista criou forte corrente. Em sonetos, contos e novelas, hoje esquecidos, consumiram-se tabas inteiras de aimorés sanhudos, com virtudes romanas por dentro e penas de tucano por fora".

Eis ali o melhor de uma prosa desempolada, crítica, interessada em questionar as raízes brasileiras. Na seqüência, Lobato diz que o "caboclismo" sucedeu ao indianismo e, de novo, lá estávamos no "por que me ufano de minha terra", brandindo, em vez do tacape, uma arma de gatilho. E segue demonstrando a sua versão de caboclo, "de cócoras" para a história, "sombrio urupê de pau podre a modorrar silencioso no recesso das grotas".

Mas o livro é muito mais que isso. Contos como "Pollice Verso", "Chóóó! Pan!" e "Meu Conto de Maupassant" incorporam de fato a fala popular ao texto culto, exploram a tal metalinguagem sem qualquer receio e olham para a gente brasileira sem piedade nem orgulho.

Alguns desses procedimentos, realizados silenciosamente pelo "Gandhi do modernismo", virariam estandartes de galhofeira estridência pouco tempo depois. *Cidades Mortas*, de 1919, reúne contos e crônicas, alguns escritos na década anterior, sobre a decadência das cidades do Vale do Paraíba, antiga região cafeeira do Estado de São Paulo, onde ficava a sua Taubaté natal. Na região, herdou e vendeu, em 1917, na falência, a fazenda onde assistiu às queimadas feitas pelo Jeca, que tanto horror lhe causaram.

Não tinha jeito. Lobato estava destinado a ficar à sombra de sua criatura. Foi o autor, aliás, ainda antes de *Urupês* ser publicado, o primeiro a usar o nome Jeca como adjetivo e metáfora: "Somos todos uns Jecas Tatus [escreveu em 1915] com mais ou menos letras, mais ou menos roupas, na Presidência da República sob o nome de Wenceslau [Brás] ou na literatura com a Academia de Letras (...). O Brasil é uma Jecatatuásia de oito milhões de quilômetros quadrados". E — quem diria — nem ele próprio escapou. Articulista de *O Estado*, em 1917, Lobato fez um comentário demolidor ("Jeca", alguns diriam) e certamente pouco informado de uma exposição da pintora Anita Malfatti. Depois de uma introdução em que clarifica a sua predileção por uma arte plástica de inspiração clássica (o que não correspondia à sua literatura), viu nos quadros de Malfatti "produtos do cansaço e do sadismo de todos os períodos de decadência" e uma pintora tocada por uma "atitude estética forçada no sentido das extravagâncias de Picasso e Cia". Para o autor, aquilo era "paranóia" ou "mistificação".

Foi o bastante. Na boca dos desafetos, o Lobato-Jeca passou a ser o símbolo de um homem nacionalista, fechado às influências externas, xenófobo e conservador. Tinha lá seus pés de barro, mas passavam longe da questão Anita. Lobato tornou-se, por exemplo, um entusiasta criterioso da cultura econômica e política dos Estados Unidos, onde morou, na condição de adido comercial, entre 1927 e 1931. Sobre aquele país, ainda no Brasil, em 1926, escreveu *O Presidente Negro* (ou *O Choque das Raças*), um livro de ficção científica — "meio à H. G. Wells", admitia — que se passa em 2028. Numa espécie de adivinhação que ficaria muito bem na boneca Emília, o seu alter ego infantil, Lobato prevê o fim da era da roda, substituída pela comunicação eletromagnética, e imagina uma engenhoca muito parecida com a televisão. No choque das raças, porém, não conseguiu ir muito além de um norte-americano médio da época ou das vagas da eugenia influente: a luta seria vencida pela superioridade branca. Infelizmente, estava mais próximo do pensamento de um Oliveira Vianna do que de um Alberto Torres.

No mais, Lobato é a sua monumental obra infantil, um capítulo quase à parte, ou nem tanto, em toda essa história. No *Sítio do Pica-pau Amarelo* estão, mais ou menos esquematizados, uma Emília-Lobato que não perdoa as hipocrisias alheias, um Visconde implacável com a ignorância e com o conformismo científico, uma Dona Benta tolerante com o futuro e uma Tia Nastácia ainda a ser, por assim dizer, civilizada. Não é, como se vê até o fim, uma obra que deva ser lida sem reparos, como não deve o autor ser considerado independentemente de seus próprios erros. A Lobato, no entanto, o que lhe pertence. Muito do que se considerou conquista do chamado modernismo já está ali evidente em sua obra, que não é pré-coisa alguma e só presta tributo a sua própria coerência.

Fernando Pessoa
Virgílio no espelho*

A apreciação crítica da obra de Fernando Pessoa esbarra, de cara, numa dificuldade. De tal sorte já se tentou apreender a sua especificidade que, ao fim, o trabalho resulta ou em redundância ou em impotência crítica, como se jamais avançássemos além da periferia da obra, passando por caminhos excessivamente conhecidos ou então nos fixando em arrabaldes de irrelevância. É o correspondente crítico da sensação de encantamento basbaque que experimentamos depois de ler cada poema: "Como alguém conseguiu ser tão grande, intenso, inteiro, personalista e, ao mesmo tempo, dialogar com toda uma era, traduzir sentimentos e sensações que dizem respeito a todos e a cada um de nós?".

Com a possível exceção do irlandês William Butler Yeats (1865-1939), um caso eventualmente até mais complexo, não há na poesia de nenhuma outra língua moderna quem tenha sido tão ambicioso nos horizontes e tão radicalmente solitário. Na impossibilidade de flagrar em todos os seus contornos o bicho interno que corrói a alma do poeta, resta a tentativa de localizar Fernando Pessoa no seu tempo, afinal e sempre um poeta português.

Pessoa foi o autor completo de um país decadente. Um dos maiores poetas de uma língua moderna só se pôde fazer num país então — e por muitas décadas — obscurecido à sombra de um passado glorioso. De Pessoa, pode-se dizer praticamente o inverso do que dizia Eliot de Vir-

---

* Originalmente publicado na revista *Bravo!* nº 13, em outubro de 1998.

gílio (71-19 a.C.). No ensaio "O que é um Clássico?", o poeta inglês via no latino o sumo e a síntese, o ápice e o vórtice de uma civilização — o poeta completo de um império triunfante, diria eu. As preocupações e formulações de Virgílio estavam destinadas a estender a sua perenidade e eram uma espécie de conclusão de uma civilização que o antecedera. Talvez seja útil avançar ainda um pouco nesse espelho ao avesso, e — quem sabe? — se comece a delinear um pouco mais do vulto pessoano.

Quando Virgílio mira o tempo, seja nas *Bucólicas*, nas *Geórgicas* ou na *Eneida*, era o conforto de um presente de glória e poder que se afigurava eterno o que se via refletir em seus versos. A glória mítica de Enéias, que foge à destruição de uma civilização para fundar outra, é pura aposta no porvir. A *Eneida* virgiliana, se traz o rumor ancestral das batalhas e o suor do périplo do herói, heranças, respectivamente, da *Ilíada* e da *Odisséia* homéricas, que a inspiram, mostra-se, ao mesmo tempo, como a afirmação da diferença.

Ao escrevê-la sob os auspícios de Otávio Augusto, Virgílio assistia ao pleno funcionamento de uma sociedade que se queria — e era — o retrato fiel da mecânica celeste imaginada. Quando Virgílio ensaia alguma utopia, ela tem até mesmo um caráter regressivo — bem típico de impérios cujos valores são hegemônicos —, numa espécie de volta saudosa à sociedade primitiva de agricultores (*Geórgicas*) e pastores (*Bucólicas*), embora estes já fossem cultos, refinados e quase amaneirados. Em sua trilogia, o poeta cumpriu as três palavras imaginadas para seu epitáfio ("*pascua, rura, duces*"): cantou os campos, o trabalho na terra e os heróis nacionais.

Pessoa foi, diz-se aqui, segundo a linha eliotiana, esse Virgílio pelo avesso. Vejamos. Sua estréia crítica nas letras portuguesas se dá em abril de 1912 com um artigo para a revista *A Águia*, órgão de um movimento literário chamado Renascença Portuguesa. Ainda que boa parte da crítica queira ver nesse texto — "A Nova Poesia Portuguesa Sociologicamente Considerada" — não mais que a manifestação petulante e irresponsável de um jovem autor de 24 anos, nessa estréia estão resumidas algumas das preocupações que marcaram para sempre a sua obra. Não era ainda o poeta maduro que Eliot exigia.

Para Pessoa, naquele texto, a vitalidade de uma nação não está em sua riqueza comercial, mas na "exuberância de alma", em sua capacidade de criar "novos moldes, novas idéias gerais, para o movimento civilizacional a que pertence". Depois de algumas digressões sobre as literaturas inglesa e francesa, ele diz (como o Eliot de há pouco) que "o valor dos criadores literários corresponde ao valor criador das épocas". E conclui: "O valor da literatura, perante a história literária, corresponde ao valor da época perante a história da civilização".

Na seqüência, Pessoa permite-se um salto sofístico. Olha em torno e enxerga a mediocridade da sociedade e da política portuguesas, a condição deprimente de um país irrelevante na Europa, o que deveria levá-lo, pela lógica elementar, a concluir pela impossibilidade do surgimento de um grande vulto literário. Nada disso. Ao vislumbrar o que considera uma literatura de teor nacionalista, com destaques individuais que contrastam com a pequenez do país, ele supõe a antecipação de um período de glória: "Tornemos essa crença, afinal, lógica, num futuro mais glorioso do que a imaginação o ousa conceber, a nossa alma e o nosso corpo, o cotidiano e o eterno de nós" para "criar o supra-Portugal de amanhã". E vem a suprema heresia: "E isto leva a crer que deve estar para muito breve o inevitável aparecimento do poeta ou poetas supremos, desta corrente, e da nossa terra, porque fatalmente o Grande Poeta, que este movimento gerará, deslocará para segundo plano a figura, até agora primacial, de Camões".

É claro que o autor estava atento à contradição e concede: "Pode-se objetar (...) que o atual momento político não parece de ordem a gerar gênios poéticos supremos". Então, vem a conclusão, que, se afrontava a lógica, iria premiar a posteridade: "Mas é precisamente por isso que mais concluível se nos afigura o próximo aparecer de um supra-Camões

(...). Porque a corrente literária (...) precede sempre a corrente social nas épocas sublimes de uma nação (...). Prepara-se em Portugal uma renascença extraordinária, um ressurgimento assombroso".

Passado como desterro

O artigo gerou barulho. Pessoa afrontava — irresponsavelmente, é fato — a santidade; não por acaso, o Virgílio português, o autor de *Os Lusíadas*, a *Eneida* lusitana, o sumo literário do período em que o país salgou os mares com as lágrimas das mães e das noivas portuguesas, o cantor da civilização onde o sol nunca se punha. O bardo e o demiurgo de um povo e seus valores triunfantes deveriam ser superados, já agora numa era decadente, por um poeta que, parafraseando o próprio Pessoa num texto sobre política, na impossibilidade de ser o resultado da vontade de todos os poetas, resumisse as qualidades de todos eles. Estava anunciado o fenômeno da heteronimia: diante da impossibilidade de um só poeta conseguir ser todos, todos em um só resultariam no supra-Camões. Se Pessoa não logrou seu intento, é certo que está sentado à direita de Deus-pai.

Se Pessoa não conseguiu navegar águas tão extensas quanto Camões — faltou-lhe o poema épico? —, o pertencer a uma era decadente certamente o fez avançar por verbos até então ignotos. É de se perguntar: a civilização moderna seria capaz de sustentar a aventura épica? Provavelmente, não. Nos fragmentos lírico-históricos de *Mensagem*, o poeta reconta, magnifica e lamenta o passado português segundo o ponto de vista do narrador de uma epopéia, é fato, mas cada herói é, por assim dizer, privatizado pela dor de quem olha. Camões concluiu o seu poema épico no desterro. Pessoa deu à luz seu *Mensagem* desterrado do tempo. A sua pátria era lugar nenhum, e a sua terra estrangeira era o passado.

Muito já se falou no que há de distinto e radicalmente disforme nas várias vozes poéticas de Pessoa. Mas a questão relevante, parece, é saber como essas várias vozes se harmonizam num coro que ecoa um tempo. Esse Virgílio da queda enfeixou nos seus heterônimos um só e mesmo sentimento de desconformidade com o mundo, que se traduz no sensacionismo modernista de Álvaro de Campos, na poesia culta de inspiração clássica de Ricardo Reis, na negação dos maneirismos poéticos de Alberto Caeiro, na recuperação do Portugal tragicamente heróico de Pessoa-ele-próprio ou na metafísica cinza, entristecida e reflexiva dos "Poemas Ingleses".

A dor de Pessoa é uma aventura do espírito. Mesmo o Camões mais tristemente reflexivo, que lamenta a crueza de seu destino, aquele poetizado por Bocage, que destaca num soneto não apenas seus "dons do pensamento", mas também "os transes da ventura", que lembra que ele teve de "arrostar o sacrílego gigante" e viver "junto ao Ganges sussurrante" — referências à atribulada e quase heróica vida do poeta em seu exílio —, mesmo esse Camões não eleva o desconforto às alturas pessoanas. Camões fundia magnificamente suas desventuras pessoais à herança petrarquiana, ao que se poderia chamar "uma maneira de sentir". O Pessoa de *Mensagem* inventou um passado — e uma forma de expressá-lo — ao qual se sente intelectualmente vinculado, mas muito mais inóspito do que qualquer terra estrangeira, porque irremediavelmente perdido.

Ao recuperar, na dor, esse Eldorado onde o sol só se põe, que não é lugar, mas tempo, vaza a herança clássica ("Os Deuses vendem quando dão."), o catolicismo medieval ("Deu-me Deus o seu gládio, porque eu faça/ A sua santa guerra."), o limite entre o humano e o divino do Renascimento ("Deus quere, o homem sonha, a obra nasce"), a saga épica de um povo traduzida em minimalismo lírico ("Ó mar salgado, quanto do teu sal/ São lágrimas de Portugal!").

Todos os poemas de *Mensagem*, a mais espetacular obra pessoana — a única publicada em vida e talvez, de fato, concluída —, podem ser resumidos no poema "A Última Nau", em homenagem a dom Sebastião:

"Levando a bordo El-Rei D. Sebastião,/ E erguendo, como um nome, alto o pendão/ Do Império,/ Foi-se a última nau, ao sol aziago/ Erma, e entre choros de ancia e de presago/ Mystério./ (...)/ Ah, quanto mais ao povo a alma falta,/ Mais a minha alma atlântica se exalta/ E entorna/ E em mim, num mar que não tem tempo ou spaço,/ Vejo entre a cerração teu vulto baço/ Que torna. (...)".

Os múltiplos interesses de Fernando Pessoa, que passeavam pela astrologia e pelo ocultismo, e suas preferências políticas francamente reacionárias ajudaram a consolidar a imagem do poeta sebastianista. É de se desconfiar. Desde seu primeiro texto público, o que se vê é antes um poeta com ânsia de futuro (aquele que esperava pelo "supra-Portugal") do que saudoso do passado. A poetização de uma história tão estreitamente portuguesa e ao mesmo tempo tão largamente universal parece antes a rejeição de um dia-a-dia "cotidiano e tributável", concessão, diga-se, em que se perdem muitos poetas contemporâneos. Até mesmo um Carlos Drummond de Andrade — simbolicamente, o nosso Pessoa — se deu às bobajadas jornalísticas de *Versiprosa* (se bem que nem ele as considerasse poesia), quando já nos tinha dado *Brejo das Almas*, *Sentimento do Mundo* e *Rosa do Povo*, entre outras lições de coisas e brancuras impuras.

De certo modo, nas mesmas águas ousadas navegou o futurista Álvaro de Campos, talvez o mais popular dos heterônimos pessoanos, porque supostamente mais fácil, mais inteligível. Além da adesão ao verso livre — por oposição à miscigenação formal entre clássica e medieval de Pessoa-ele-mesmo — e ao ritmo quase prosaico dos poemas, Álvaro de Campos parece alçar às alturas uma sensibilidade destrambelhada, sem freios, que pode ser confundida com certa poesia marginal, que faz a apologia do destampatório sentimental.

Mas há uma insuspeitada e exata correspondência entre o Pessoa de *Mensagem* e Álvaro de Campos, da qual o poema "Ode Marítima" é o exemplo perfeito. O mar de *Mensagem* — de onde surge inteira e redonda a Terra — é metonímia, e o da "Ode Marítima", metáfora; aquele afigura todas as dificuldades da civilização que foi "muito além da Taprobana", este outro transporta uma alma sem cura; aquele existe para que, por intermédio dele, se vislumbre uma nesga de glória e se experimente o desterro no presente, este para que continue, metáfora ativa, a despertar em nós desejos de viagem, de fuga para dentro de nós mesmos, entre nossas misérias íntimas e nossos limites. No mar da metonímia, navega o vulto de dom Sebastião; no mar da metáfora, vê-se "A ânsia do ilegal unido ao feroz,/ A ânsia das coisas absolutamente cruéis e abomináveis,/ Que rói como um cio abstrato os nossos corpos franzinos,/ Os nossos nervos femininos e delicados,/ E põe grandes febres loucas nos nossos olhares vazios!".

Na "Saudação a Walt Whitman", três versos dão conta da natureza futurista de que era feito Álvaro de Campos. Assim ele classifica o poeta americano: "Jean-Jacques Rousseau do mundo que havia de produzir máquina/ Shakespeare da sensação que começa a andar a vapor,/ Milton-Shelley do horizonte da Eletricidade futura". Cada um dos autores citados, de algum modo luminares do mundo das idéias, se resume num Whitman que prenuncia a democracia e suas conquistas técnicas. O futurismo de Álvaro de Campos não é do tipo que empresta às banalidades da vida moderna o estatuto de poesia ou que tenta consolidar novos cânones em detrimento de outros fundadores do pensamento que lhe é contemporâneo — alô, moderneiros de 1922 e de 1998!

Álvaro de Campos extrai do moderno o perene, atualiza a idéia e o conceito na matéria viva, revela o eterno no aparentemente transitório. A saudação a Whitman, destaque-se ainda, não é acidental. O poeta americano e seu pansexualismo — "sexualizado pelas pedras, pelas árvores, pelas pessoas, pelas profissões" — se afiguram uma revelação feliz e bem resolvida de uma certa palpitação erótica — insatisfeita, sofrida, impotente — que se percebe em todos os poemas de Álvaro de

Campos. Em seu caso, no entanto, o desejo, sem definição de gênero, como o de Whitman, parece jamais ter encontrado um lugar, um objeto em que se fixar, um corpo em que se exercer.

É na poesia de feição pastoril de Ricardo Reis, o pagão culto, e de Alberto Caeiro, o pastor rústico, que Fernando Pessoa, aparentemente ao menos, se reconcilia com o mundo. Aparentemente. Os poemas do primeiro seguem de muito perto as odes e os epodos do latino Horácio (65-8 a.C.). "Não queiras saber, Leocone, é um sacrilégio/ Que destino os deuses a mim e a ti nos concederam" — ao que responde Ricardo Reis: "Aos deuses peço só que me concedam/ O nada lhes pedir. A dita é um jugo/ E o ser feliz oprime/ Porque é um certo estado. (...)".

Horácio conclui o seu poema com um ambíguo *carpe diem, quam minima credula postero*" ("aproveita o tempo e desconfia do futuro"), sem deixar claro se devemos nos entregar irresponsavelmente aos prazeres ou não perder um minuto que seja no pleno domínio de nossa própria vida. A julgar pela obra que deixou, à qual se refere no verso-divisa *"Exigi monumentum aere perennius"* ("Ergui um monumento mais duradouro do que o bronze"), a segunda interpretação parece fazer mais sentido. Mas Horácio era o outro poeta de uma era triunfante. A retomada da Antiguidade em Reis é uma busca sem esperança (jamais ele demonstra a autoconfiança horaciana) do *locus amoenus* (o lugar aprazível) e da *aurea mediocritas* (o equilíbrio de ouro, o ideal de tranqüilidade) para dar curso ao seu desalento, posto que seus temas são claramente portugueses, a saudade que sente é da mesma glória que constitui a matéria de *Mensagem*, a desconformidade com o mundo tem o mesmo matiz dos poemas de Álvaro de Campos, que poderia assinar, por exemplo, o fatalismo dos versos que seguem, mas não seu comedimento: "Nada podendo contra/ O ser que me fizeram,/ Desejo ao menos que me haja o Fado/ Dado a paz por destino".

Caeiro é o fecho de ouro de nosso Virgílio às avessas: não se dedica à recuperação de um passado improvável, não se entrega às dores incuráveis de uma alma passível de todas as sensações, não se redime na busca estóica do equilíbrio e da medida; Caeiro simplesmente nega, ao fazê-la, a poesia. Seus versos têm um norte estético que é também uma espécie de norte moral: *inutilia truncat* — a busca da simplicidade. O poeta é sucinto no expressar-se, mas ainda mais no sentir. A verborragia de Campos lhe cheira a desequilíbrio; o equilíbrio de Reis, a afetação, e a afetação culta de Pessoa, a fuga da realidade natural, a única matéria da poesia para Caeiro. Não é sem certa ironia que ele se volta para ninguém menos que o próprio Virgílio: "Os pastores de Virgílio tocavam avenas e outras cousas/ E cantavam de amor literariamente./ (Depois — eu nunca li Virgílio./ Para que o havia eu de ler?)/ Mas os pastores de Virgílio, coitados, são Virgílio,/ E a Natureza é bela e antiga". Desprezava tudo o que lembrasse poesia.

Não partiu Caeiro para a desconstrução do verso (jamais flertou com tolices afins...), mas fez uma poesia na contramão do fluxo influente das figuras de linguagem disponíveis, em oposição aos desejos reformadores e lamentos lacrimosos de que nenhum autor escapa (especialmente Álvaro de Campos), em contraste com qualquer utopia restauradora, de que Pessoa foi mestre. Seu refúgio é o alheamento: "Ontem à tarde um homem das cidades/ (...)/ Falava da justiça e da luta para haver justiça/ E dos operários que sofrem,/ (...) e dos que têm fome,/ E dos ricos, que só têm costas para isso./ E, olhando para mim, viu-me lágrimas nos olhos/ E sorriu com agrado, julgando que eu sentia/ O ódio que ele sentia e a compaixão/ Que ele dizia que sentia./ (...)/ (Que me importam a mim os homens/ E o que sofrem ou supõem que sofrem?/ Sejam como eu - não sofrerão./ Todo o mal do mundo vem de nos importarmos uns com os outros (...)".

Um único monossílabo, nesse poema, resume a poesia de Caeiro: "Eu no que estava pensando/ Quando o amigo de gente falava/ (E isso me comoveu até às lágrimas),/ Era em como o murmúrio longínquo dos chocalhos/ A esse entardecer/ NÃO parecia os sinos duma capela pequenina/ A que fossem à missa as flores e os regatos/ E as almas simples como a minha." Eis aí: para ele, a verdadeira poesia liberta a realidade da metáfora.

Caeiro também era um fingidor. Mentiu ao dizer que não lera Virgílio. A *IV Bucólica* virgiliana, a do menino que viria para anunciar a Idade do Ouro (e que o imperador Constantino e Santo Agostinho achavam prenunciar a vinda do Messias...) — "Sem trato algum, menino, a terra te oferecerá/ Como primícia as heras que se alastram, mais o bácar (...)/ Por si, cheias de leite, as cabras voltarão ao aprisco,/ E os rebanhos não mais terão pavor dos grandes leões (...)"—, mereceu uma versão de Caeiro. Em seu poema, ele dá curso à leitura impossível de que Virgílio previu o Cristo, torna o garoto, de fato, o Menino Jesus, mas lhe dá uma feição pagã: "(...) Vi Jesus Cristo descer à terra./ Veio pela encosta de um monte/ Tornado outra vez menino,/ A correr e a rolar-se pela erva/ (...)/ A mim ensinou-me tudo./ Ensinou-me a olhar para as cousas.(...)/ Diz-me muito mal de Deus./ Diz que ele é um velho estúpido e doente,/(...)/ Ele é o humano que é natural,/ Ele é o divino que sorri e que brinca. (...)".

Há ainda muitos outros Pessoas, o dos poemas ingleses, o dos poemas dramáticos, o das poesias coligidas, e inéditos devem sair ainda do famoso baú de madeira onde ele abrigou toda a sua obra, que, a cada novidade, obriga a que se releia o que já se conhece. Portugal esperou quase quatrocentos anos, e das águas não emergiram dom Sebastião ou o supra-Camões que anunciariam a era de ouro. O país — o "rosto da Europa" a "fitar o Occidente, futuro do passado" — deu-nos, no entanto, Fernando Pessoa. Agora reintegrado à Europa, partilhando, com justiça, do quinhão de civilização que espalhou pelos quatro cantos da Terra, Portugal pode esperar outros quatrocentos anos até que um supra-Pessoa surja do azul profundo. A eternidade não tem pressa.

Manoel de Barros
A sintaxe quando susto*

O poeta do Pantanal — jamais pantaneiro — Manoel de Barros ameaça o leitor com uma "despalavra" bem convincente. Diante de uma poesia que parece buscar, antes de tudo, a originalidade e fazer-se de sustos à sintaxe, deixa, a cada poema, a suspeita de que se o leitor não gosta de seus versos é porque não foi fundo o bastante; ou porque não afinou a inteligência com sua sensibilidade única, com sua capacidade de peneirar sentidos novos entre os escolhos da natureza, o que ele parece fazer magnificamente.

É tudo mais ou menos verdade. Mas por que, ao fim da leitura de seu novo livro, *Retrato do Artista quando Coisa*, resta a sensação de que tudo aquilo já foi escrito, dito, "despensado"? Por que é impossível individualizar não apenas o livro como cada um de seus poemas? Por que a vontade, cheia de receios, de dizer um "desgostei", com o cuidado de não parecer grosseiro, insensível, de maus bofes com um autor que, afinal, só quer nos ensinar a lição das coisas?

Ocorre que *Retrato...* integra a obra de Barros como massa negativa: é a soma que subtrai. Proceda-se a uma releitura. Tropeça-se em versos como "Insetos me desempenham", "Os silêncios me praticam", "Vou pertencer você para uma árvore" e por aí afora. O leitor poderia até se ver tentado a ensaiar um vôo de tuiuiú "quando crítico" e buscar um sentido especial para a torção a que o poeta submete sobretudo os

---

* Originalmente publicado na revista *Bravo!* nº 15, em dezembro de 1998.

versos, quando o normal é que os tropos alcem substantivos e adjetivos a novos vôos de significação. Leia-se novamente e se verá que este é tãosomente seu único recurso: submeter palavras a uma sintaxe do espanto e colher os efeitos do expediente.

Quando a poesia brasileira chafurdava no pântano do grafismo ágrafo, Barros surgiu com uma ecologia da palavra que permitia ao verso respirar um ar renovado, embora já fosse possível suspeitar que ele não estabelecia senão o marco da singularidade, jamais o de um procedimento poético formal ou conteudístico que fizesse avançar as possibilidades da língua portuguesa em verso. O problema é que o poeta ficou encantado com seus poeminhas apassarinhados, amaneirou-se, encorujou-se nas facilidades de coisas como "Uma rã me pedra", um verso, diga-se, a que se segue um enorme rabicho explicativo (crime de lesa-poesia?): "A rã me corrompeu para pedra. Retirou meus limites de ser humano e me ampliou para coisa (...)".

O injustiçado crítico Sílvio Romero pedia à poesia uma linguagem "corrente e fluida", um "estilo simples", "um verso espontâneo", ou, na expressão de Olavo Bilac (outro a quem não se deve o devido respeito), um verso que não mostrasse "os andaimes do edifício", que fizesse o artifício parecer a única forma de dizer o dito. A boa poesia havia de se parecer com um pensamento fluido; o pensamento fluido, com uma fala cristalina; a fala cristalina, com a boa poesia. A fingida simplicidade do cultíssimo Manoel de Barros se esgota nesse livro no roça-roça das sacadas verbais que são tanto menos pensamento quanto menos fluem.

Destaque-se a edição primorosa do livro, com capa e desenhos de Millôr Fernandes e uma distribuição espacial que privilegia os poemas, que correm sempre nas páginas ímpares, tudo, enfim, à altura dos novos tempos da editora Record e do prestígio de que goza Manoel de Barros, prestígio que passa, a partir de *Retrato...*, a carecer da devida correspondência em versos. Intimidade com a palavra ele tem, saber o que é um verso ele sabe. É chegada a hora de se libertar dessa cadeia de "despalavras" que procuram a ascese por intermédio do ínfimo e do desimportante. Como se tudo o que é pequeno e desprezível alcançasse o estatuto de moralmente superior.

Fernando Pessoa
Ruído na mensagem*

O que separa um Fernando Pessoa de outro é uma multidão de poetas e especialistas. Como o autor publicou em vida um único livro — *Mensagem* —, legou ao futuro a tarefa de decifrar seus enigmas. Uma reunião de especialistas pessoanos remete àqueles encontros de autoridades eclesiásticas na Idade Média, capazes de discutir por meio século se havia ou não unidade na Santíssima Trindade. Pessoa serve de justificativa a todo tipo de heresia literária. Há quem, como João Cabral de Melo Neto, o censure por supostamente autorizar uma poesia formalmente frouxa. O início da reedição da obra do autor pela Companhia das Letras, com *Mensagem* e *Ficções do Interlúdio*, abre o flanco para uma dessas polêmicas.

Organizada por Fernando Cabral Martins, professor da Universidade Nova de Lisboa, esta reedição comete o pecado de atualizar, segundo "a grafia vigente em Portugal", a ortografia empregada por Pessoa em *Mensagem*. Palavras como "castellos", "occidente", "Christo" ou "Mytho", por exemplo, aparecem na grafia corrente também no Brasil. Em entrevista a *Bravo!*, Martins argumenta que os arcaísmos não fariam sentido hoje, com o que concorda Lúcia Pinho e Melo, da área de direito autoral da editora portuguesa Assírio & Alvim, que adquiriu a titularidade da edição, apenas reproduzida no Brasil. Atualizações ortográficas em benefício do entendimento e do deslindamento de uma obra são bem-vindas.

---

* Originalmente publicado na revista *Bravo!* nº 16, em janeiro de 1999.

Isso não tivesse Pessoa escolhido escrever *Mensagem* numa linguagem arcaizante para os lábeis padrões vigentes na sua época.

O expediente beneficia ou compromete o entendimento? Se literatura não é apenas documento, está posto, também serve para documentar uma época, e outra pergunta pertinente responde à anterior: o contexto a que este *Mensagem* remete é aquele em que Pessoa o escreveu? Fazia sentido que Pessoa-ele-próprio, optasse por uma ortografia diferente da empregada pelos heterônimos? A resposta é: sim! Leiam-se a propósito o excelente *Fernando Pessoa, Vida e Obra*, de João Gaspar Simões (Livraria Bertrand), ou o recentemente lançado no Brasil *Estranho Estrangeiro: Uma Biografia de Fernando Pessoa*, de Robert Bréchon (editora Record).

Assim como a ortografia de um Pessoa sebastianista e imperial expõe sua filiação a uma corrente de pensamento de fundamentação estética e política, o futurista Álvaro de Campos, por exemplo, abusa de onomatopéias. Por que não reduzir a um os cinco versos de "Ode Marítima" feitos de enfadonhos "EH-EH-EH... EH"? Talvez porque fossem outro o poema e outro o poeta. A proposição, por absurda, impõe uma questão: qual é o limite para alterar um original quando a mudança lima as asperezas históricas da obra?

Também a professora Leyla Perrone-Moysés, uma das maiores especialistas brasileiras em literatura portuguesa, diz que "manter a grafia com que Pessoa escreveu *Mensagem* não teria hoje o sentido que teve na época". Ela tem razão: o sentido de uma obra não é imutável no tempo, os contemporâneos vão sempre se encarregando de reler e reconstruir o passado, mas a ninguém ocorreria corrigir um arco romano para torná-lo mais inteligível à memória arquitetônica contemporânea.

Os conhecedores do Pessoa já editado no Brasil pela Nova Aguilar também hão de estranhar esse *Ficções do Interlúdio*. Ele reúne a poesia ortônima e heterônima apenas do que o poeta publicou em vida em jornais e revistas. Novos volumes estão previstos com os poemas dos heterônimos publicados depois de sua morte. Ao todo, a obra poderá ser editada em mais de vinte volumes, o que certamente contempla interesses de mercado. Talvez os livros lançados devessem deixar isso mais claro. Esse *Ficções...*, pois, é apenas uma espécie de primeiro volume do conjunto conhecido como tal, que abrange toda a poesia do autor, exceção feita a *Mensagem*.

Seja como for, a reedição, que prossegue com o *Livro do Desassossego*, é dos grandes fatos literários do fim de 1999 e do início deste 2000. Dadas as ressalvas, está-se diante de bem cuidadas edições que, ainda sob os auspícios do Nobel recebido por José Saramago, vêm lembrar as altitudes de uma língua que já esteve presente onde quer que nascesse o sol.

Rubem Fonseca
A confraria do Zé Rubem*

O Brasil mudou — para melhor ou para pior, segundo o gosto de cada um —, e Rubem Fonseca ficou na janela feito uma Carolina cínica. *A Confraria dos Espadas* é a prova definitiva de que o prestígio do escritor (e, nesse sentido, a obra presta um favor à fortuna crítica) era, em grande parte, extraliterário. Ao surpreender o panorama algo pachorrento, pós-ciclo regionalista, da literatura brasileira com seus contos e romances policiais, Fonseca era visto pelos leitores mais exigentes como uma metáfora do Brasil, que se realizava, porém, pela ausência: quantos não lemos *Feliz Ano Novo* (1975) como uma espécie de grito do silêncio? Era como se àquele Brasil oficial, da direita e da esquerda, se opusesse um outro, brutalmente verdadeiro, não sujeito aos cortes da ideologia, da utopia, de qualquer forma de anseio coletivo.

Ademais, se lhe reconheça o mérito de ter criado tipos que não se explicavam segundo os manuais da sociologia então vigente, o que lustrou os postulados de uma crítica antipopulista. Seus psicopatas eram e são tipos mais ou menos banalizados pela era do psicologismo, uma das frações de uma sociedade sem política ou espaço público. Ocorre que se vive, afinal, um regime de liberdade, as minorias fazem propaganda de sua vida na TV em horário nobre, a parcela leitora do Brasil — única para a qual, afinal, a literatura faz algum sentido — está integrada ao mundo, e ninguém mais precisa caçar metáforas fugidias nos assassinos e detetives do escritor.

---

* Originalmente publicado na revista *Bravo!* nº 17, em fevereiro de 1999.

A auto-indulgência é, no entanto, uma pantera pior que a solidão. Fonseca, um homem sabidamente recluso e avesso a entrevistas, fotografias e mundanidades, também é, como o Brasil de seus livros, um vulto que cresce pela ausência: não à toa, seus amigos na mídia o chamam de "Zé Rubem". Ter a autoridade e a intimidade de dizê-lo vale um crachá de fidalguia. Em troca, sabe-se, por desvãos de informação meticulosamente trabalhados, que Fonseca adota esta ou aquela escritora, que lê o original (e o abençoa) deste ou daquele amigo. Fonseca é, pois, um estilo ou, como se diz por aí, é uma "atitude".

Eis o ponto: é essa "atitude" que chega ao esgotamento, não por acaso pela mão do mestre. Uma crítica menos assombrada pelo vulto já teria lido em *Vastas Emoções e Pensamentos Imperfeitos* (1988) não mais que um título pretensioso para uma obra que já se amaneirava; *Agosto* (1990), com suas frases ligeiras, apressadas, e suas personagens que nada mais eram que caricaturas das que o autor havia espalhado em sua obra, já era o sinal de que algo não ia bem. E se chega, com algumas obras de intervalo, a este *A Confraria dos Espadas*, uma reunião de oito contos.

Nenhuma surpresa no homem que conta como mata as mulheres a pedido das próprias, ou no sujeito que acaba vítima fatal de seu banal impulso de generosidade ou no corretor de seguros de vida que faz pacto de morte com seus clientes; há ainda crônicas do mau gosto, como a intelectual humanista que se apaixona por um fazendeiro grosseirão e existencialista ou a pornografia *soft* do casal que repudia o órgão genital do sexo oposto até descobrir as delícias do que Roberto Carlos um dia chamou *O Côncavo e o Convexo* — ou "aquilo naquilo".

De resto, as tais frases fonsequianas — que a turma do Zé Rubem chama de "ritmo narrativo seco, cortante, impiedoso, visceral" (e outras imprecisões) — estão lá: "Matar uma pessoa é fácil, o difícil é livrar-se do corpo"; "É mais fácil se livrar da alma do que do corpo"; "Lá pela uma da madrugada todos sempre querem dançar" etc. Lidas pelo que sugerem em solenidade, parecem expressar algo de terrivelmente sentencioso da vida e da natureza humanas; lidas pelo que são, resta pedir a Carolina que saia da janela e caia na vida.

Sérgio Lemos
Ecos do silêncio*

Sérgio Lemos, que a maioria dos leitores eventuais deste texto fica conhecendo agora, tentou, sim, senhores, publicar poemas em vida. Bem como o editor José Mário, da Topbooks, tentou fazer que a publicação de *A Luz do Caleidoscópio* lhe alcançasse ainda se não os suspiros finais da poesia — porque esta, é certo, não cessará de ensaiar ritmos novos — ao menos os últimos suspiros de vida. Para mala sorte da poesia que jamais será feita, não houve tempo. Lemos morreu em outubro do ano passado [1998], aos 63 anos, vítima de complicações decorrentes do diabetes. Quando iniciava a curva ascendente da recuperação, veio o coração e lhe fez a cesura "indesejada das gentes".

Sérgio Lemos, um leitor de Virgílio e Horácio como Virgílio e Horácio escreveram — em latim —, de Rilke, também ele mesmo, e de quantos clássicos o italiano, o inglês e o francês puderam produzir, incursionou até pelo gaélico — a língua de origem celta falada em regiões da Grã-Bretanha e Irlanda —, movido por uma espécie de amor à resistência, ele próprio um resistente à sua maneira. Vá lá, que se olhe sem rancor o mercado editorial brasileiro onde um autor como Lemos se vai impublicado. Alguns morrem para entrar na história, outros vivem para dar corpo à infâmia. Entre uns e outros, o autor de *A Luz do Caleidoscópio* viveu em paz.

A segurança de sua poesia lhe deu os pés (de tantos e maravilhosos versos) necessários para saber que seu ineditismo era não mais do que

---

* Originalmente publicado na revista *Bravo!* n° 17, em fevereiro de 1999.

fruto de uma conspiração consentida, um acordo entre as vontades e as desvontades suas e o que se publicava no país: nos anos felizmente mortos do fim do verso, nas pelo menos três décadas de grafismo analfabeto, quem se atreveria a publicar versos como "Eu te dei terra onde enterrar teus ossos/ E mais ponteiros que o relógio tinha/ Para marcar uma hora de destroços/ Não essa hora de todos, mas a minha.// E depois te cobri com não ter panos/ E fiz-te andar porque roubei teu solo./ Deixei-te jovem: avancei teus anos,/ E a dor do mundo arremessei-te ao colo.// Dá-me tua morte, para que a destrua./ Chega teu rosto por que falta ungi-lo/ Com minha morte, que nasceu da tua,// Pois sou tua sombra e teu algoz tranqüilo./ Tão tua sombra que sou a noite escura,/ E tão tranqüilo que já sou loucura"?

Lemos era, como se vê, um grande sonetista, e o soneto é uma das formas — mas não a única — de resistência de *A Luz do Caleidoscópio*. No poema acima, decassílabos com acentos na 4ª, 8ª e 10ª sílabas e na 6ª e 10ª se alternam em ritmo perfeito e rimas invulgares. Ao longo do livro, o que se vê é um autor com pleno domínio da mais complexa das formas fixas do lirismo. Cada palavra aparece em seu necessário lugar, numa muito bem tecida trama de assonâncias internas e intimidade paradigmática. O milagre do grande poema então se opera: o trabalho do artesão se esconde na fluidez dos versos, muito próxima à da fala.

Por intermédio de sua obra se percebe ainda outra vez que se havia consolidado uma tontice na literatura brasileira a partir de 1922 — eventualmente interrompida com a chamada Geração de 45 — segundo a qual só o verso branco ou livre poderia aproximar-se da língua cotidiana. Menos do que uma postura estética, tal assertiva é antes uma opção pela facilidade: é claro que nem todo verso branco é preguiçoso — Drummond e até Adélia Prado o provam —, mas é certo também que o mais das vezes a preguiça e a falta de rigor técnico se abraçam estreitamente com o verso branco.

Tais observações sobre a obra de Lemos não implica que fizesse uma poesia descarnada de realidade. Ao contrário, com ele, o verbo também se faz carne e história. É uma poesia de humanidade profundamente vivenciada, que jamais se perde numa outra praga da literatura contemporânea, a metalinguagem. Uma das seções de seu livro — "Aeneas", em que se encontra a maior variedade de formas — reúne poemas inspirados em seu cultuado Virgílio (com flagrantes citações de outro latino ilustre, Horácio). De braços dados com o poeta que talvez mais tenha iluminado o inferno de cada um, Lemos apresenta 35 textos em que contrapõe à aventura epicamente peregrina do Enéias da *Eneida* virgiliana o seu anti-herói existencial; na obra inspiradora, a exaltação do herói coletivo; na lírica de Lemos, o indivíduo contra o mar da angústia, do isolamento, da morte.

Seu diálogo com a *Eneida* não é gratuito: mesmo o mais comum dos homens vive, morre, perde e ganha sempre por bons e grandes motivos. Ainda quando pessimista, Lemos tinha uma visão magnífica do mundo. Se os contemporâneos lhe impunham o mesquinho, o rasteiro, o pobre e o medíocre como tema, ele ia buscar em cada homem o que este tinha de memória da grandeza. Senão como explicar os versos que seguem: "Além da ponte,/ Como outros barcos,/ Vai navegando/ O menino louco/ — De louco muito,/ De morto um pouco./ À frente a névoa/ Estende um arco/ De sonho e treva/ Para que passe/ Além da névoa,/ Para que passe/ Além dos homens/ E seu compasso/ De vida, vida: (...)".

Em um conjunto de poemas soberbos, um se destaca por espetacular, o de número XXX. Lemos recorre à citação de um poema de Horácio, em que o latino explica por que não se devem interrogar os deuses sobre os augúrios, e substitui Leocone, a musa horaciana, por Dido, aquela a quem o Enéias de Virgílio narra a destruição de Tróia. A Dido e o Enéias de Lemos são lidos como arquétipos do homem e da mulher, ou, como se gosta de dizer por aí, da condição masculina e da condição feminina. Uma voz (a do autor?, a destes tempos?) recomenda à mulher-Dido que não interrogue o homem-Enéias sobre suas derrotas: "Não queiras, ó Dido, saber a agonia de Tróia/ Por que (*scire nefas*) os deuses, do herói, ocultaram/ Nas dobras do nada a memória do dia nefando,/ Por que perguntar? Já é tarde (...) Não queiras, ó Dido, em teus braços o herói sem memória".

Lemos era mesmo uma questão complexa demais aos seus contemporâneos. Que se lembre que é justamente a Dido que Enéias, na *Eneida*, narra a queda de Tróia; que Enéias, por ordem dos deuses, a abandona, e ela acaba se matando. Em tempos em que alguns se comprazem em falar até mesmo de uma "voz feminina" na poesia, atribuindo a essa condição, por si mesma, um caráter valorativo, o poeta recorreu a dois autores latinos de primeira grandeza e a duas personagens míticas da literatura ocidental para tratar da interdição do caminho amoroso entre o homem e a mulher. Onde tantos e tantas poetizam sobre badulaques irrelevantes para urdir poeminhas confessionais igualmente irrelevantes, Lemos ia buscar as melhores fontes da poesia e emprestava a um drama doméstico o limite possível do magnífico.

Essa era sua poesia, não fez por menos, não vendeu confissões baratas, não transitou entre apelos publicitários e o rock para adolescentes debilóides, não cedeu diante do decreto fascistóide da morte do verso; jamais seria, se vivo fosse, indicado para receber um prêmio multiculturalista. Seja lá o que isso queira dizer, dado o silêncio a que Lemos estava confinado, isso quer dizer alguma coisa muito ruim. Julgue cada um por sua própria conta.

Não se trata aqui de fazer um desagravo a Sérgio Lemos. Pelo que se pode saber das pessoas que privaram de sua intimidade, ele próprio seria o primeiro a desaconselhar tal manifestação. Sociólogo por formação, jornalista que preferiu antes se envolver com departamentos de pesquisa das redações a operar na linha de frente das vaidades, fez de sua poesia uma extensão de sua inserção no mundo. Grande conhecedor da literatura clássica, religioso praticante de um catolicismo traduzido em humanismo, era um estudioso da cultura negra e indígena, fez a cabeça no candomblé (seu santo era Obaluaê) e, segundo conta sua mulher, a psicanalista Clara Kishida, só via graça em estudar e aprender se pudesse pôr esse conhecimento a serviço do que chamava "o homem comum".

Sua religiosidade e sua poesia encarnadas fizeram-no criar a ARA, uma ONG de assistência a aidéticos. Do baú de onde saiu esse *A Luz do Caleidoscópio*, há ainda muitos poemas inéditos. Dois romances — *A Duquesa e o Céu* e *Nemoroso e os Perdedores de Virgens* — aguardam publicação. Não é à toa que o primeiro livro de Sérgio Lemos venha à luz quando, finalmente, arrefece, pela pena de epígonos ainda menores, a Era do Grande Obscurantismo, garantida pelo Índice da Poesia Proibida, a bíblia ágrafa do Tribunal da Inquisição Concretista. Que os editores aproveitem as luzes e o frescor renascentista desse filho de Obaluaê, o orixá da saúde e da doença, que levou Lemos, afinal, precocemente. "Morre cedo o que os deuses amam", disse Fernando Pessoa, e "alguns já nascem póstumos", emendou Nietzsche.

Marquês de Sade
Chatice e transgressão*

A obra-manifesto da libertinagem, *A Filosofia na Alcova*, escrita pelo Marquês de Sade (1740-1814), ganha nova tradução no Brasil e é publicada pela editora Iluminuras. O tradutor, Augusto Contador Borges, assina as notas explicativas e um ensaio a título de pós-escrito. É uma boa oportunidade de o leitor brasileiro entrar em contato com um dos mais transgressores — e possivelmente chatos, para quem não comunga daqueles gostos — autores da literatura universal, cuja obra revela o que esconde e esconde o que revela.

As práticas do marquês (Donatien-Alphonse-François), homem e autor, acabaram por designar um desvio sexual, o sadismo, que dispensa explicações a esta altura. Mas as circunstâncias em que viveu fizeram um Sade maior do que sua obra, razão por que tantos se dedicaram a buscar no que escreveu alguma transcendência, existencial ou política. Entre eles contam-se Roland Barthes, Jean-Paul Sartre e Georges Bataille.

E que circunstâncias foram essas? Sade, perseguido por três regimes — monarquia, república e império —, não pelo que pensava, mas pelo que fazia na cama (ou em qualquer lugar), emprestou eloqüência teórica a suas preferências (sodomia hetero e homossexual e violência) e tentou — como homem da revolução e depois seu antípoda — diluir a moralidade privada do Antigo e do Novo Regime com uma súmula das relações interpessoais em que quase tudo é permitido.

---

* Originalmente publicado na revista *Bravo!* n° 23, em agosto de 1999.

E então se chega ao seu limite, revelado com clareza em *A Filoso-fia*... As perversões sadianas resultam num tedioso amontoado de gente que obedece à voz de um mestre: "Agora faça isso, aquilo, ponha aqui, tira dali, junta acolá". Lê-lo como metáfora política ou pensador da revolução é menos do que boa vontade, é bobagem. Sade não é uma utopia para o coletivo; é diluição e decadência privadas que se escondem em linguagem revolucionária.

Daí que o único interesse que a obra sadiana possa despertar seja o psicanalítico, e isso Sade revelou sem querer. A fixação fálica, a apologia da sodomia e o horror à vagina (uma de suas obsessões era costurá-la e fazer dela não mais que cicatriz) são a base da maioria dos desvios que Freud estudaria um século depois. Sade como pensador da cultura e da política é uma fraude. Como quem descortinou uma das faces do horror — embora haja até quem se excite com aquilo —, é leitura obrigatória.

João Gilberto Noll
A hora da preguiça*

João Gilberto Noll parece escrever com extrema facilidade, e o que a qualquer um poderia ser uma bênção pode ter-lhe imposto o papel de penitente neste *Canoas e Marolas*, pequeno romance que integra a série Plenos Pecados, da editora Objetiva. A pena e a pena de Noll serviram ao propósito de uma encomenda feita pela editora, e ele se aventurou a fazer um livro com um tempo certo para começar e outro para terminar.

A fluência de Noll está numa habilidade muito particular para juntar palavras que conjuram o simples e o rotineiro em benefício de uma sensibilidade barroca, sinestésica, borrascosa. O resultado é quase sempre de leitura impressionante. Neste *Canoas e Marolas*, o mesmo homem de identidade incerta de outros livros seus aporta na "ilha do dia anterior" em busca de uma suposta filha. Tem início então a também conhecida via-crúcis nolliana: o pequeno fio de motivação que justifica que tal personagem esteja em tal lugar se rompe, e a personagem inicia a busca da ascese por meio da degradação do corpo. Alguma diferença em relação ao Noll dos livros anteriores, especialmente *A Fúria do Corpo*? Sim. Desta vez, esse seu, vamos dizer, materialismo místico, muito particular, renuncia a sua parcela exultória, encantatória, e atinge a inação, a imobilidade, o fim da linha. Afinal, lembremo-nos, é a preguiça que serve de inspiração ao livro.

Já liberados, pois, de qualquer compromisso com a história, resta-

---

* Ensaio originalmente publicado na revista *Bravo!* nº 24, em setembro de 1999.

nos o Noll de expressões bem acabadas como "urgência tosca e desajeitada", "flutuação esbranquiçada" ou "calos escuros do quarto", mas que pode, também, à hora da inflexão da já referida facilidade, degenerar em "um desassombro que não sabia espumar suas águas para fora do gargalo hirto contra as nuvens". Seja lá o que esse "gargalo hirto" possa evocar "contra as nuvens".

Um dos escritores contemporâneos mais profícuos e originais, poder-se-ia inferir que talvez coubesse a Noll rejeitar a encomenda. A despeito da canoa furada, não seria o caso. Seu livro também é a expressão de um impasse, que não é só dele, mas da prosa contemporânea brasileira. O país parece incapaz de produzir romancistas que consigam criar uma ambientação que mereça ser narrada, com a qual as personagens estabeleçam alguma relação, de identidade ou contraste, pouco importa. O que se tem é uma pletora de autores em busca de uma "alma profunda".

E a alma é um lugar amplo demais para ser perscrutado sem um rigoroso plano de vôo, sem uma estrutura capaz de sustentar a pretensão das asas. Desta vez, o bom Noll fez um mau romance.

Júlio Bandeira
Um Brás Cubas da desintegração*

Se o Brás Cubas de Machado de Assis houvesse sobrevivido a seu apurado senso de ridículo e, em vez dos hábitos amaneirados da corte decadente, vivesse às voltas com um país necrosado pela ânsia supostamente modernizadora de esquecer o que é para jamais ser o que pretende, então o Brás Cubas daria no marquês, a personagem principal do livro homônimo escrito pelo carioca Júlio Bandeira e publicado pela Topbooks.

O aristocrata do país abobalhado de Bandeira mora num casarão decadente, que acabou cercado e rendido pela favela, em companhia da avó nonagenária — que só se expressa em francês — e da cadela Urraca, nobilíssima. Educado em Eton, vive miseravelmente do que consegue ganhar como lavador de pratos, e sua última chance de conseguir algum dinheiro é vender o túmulo da família. Mas uma inesperada aliança com traficantes de cocaína e bicheiros emprestará alguma fortuna à sua tradição. A união, como na Colômbia, no Rio ou no Congresso, em Brasília, não poderia dar em boa coisa. E não dá.

O enredo, como se vê, é chinfrim. Também o é o de um morto que decide contar fragmentos de sua memória sem grandeza. E, no entanto, sabe-se no que deu esse argumento. Não se diz aqui que Bandeira é Machado de Assis — bem, mas alguém, por acaso, é ou será algum dia? —, senão que é um seu leitor dos bons. Narrado em primeira pes-

---

* Originalmente publicado na revista *Bravo!* nº 25, em outubro de 1999.

soa, o livro tem sua maior virtude na completa ausência de moralidade do ex-fidalgo — o que o faz autor de impagáveis tiradas politicamente incorretas quando descreve (ou a ele se refere) o povaréu que o cerca; em seus devaneios e delírios de potência, que reproduzem, sim, o pensamento de parte da elite brasileira — cruel menos por cálculo do que por indiferença; num certo universalismo afetado do narrador, que fala uma mistura babélica de línguas e referências literárias, mitológicas, geográficas e turísticas.

Bandeira inicia a sua narrativa pautado por um realismo bem-comportado e, pouco a pouco, de maneira segura, avança para a alegoria hiperbólica. E tudo se lê com igual prazer. Mérito do escritor: essa passagem é sempre muito estreita e tormentosa, e poucos escapam ao naufrágio. No romance, tal mudança marca a evolução do marquês de fidalgo excluído para o pequeno-burguês da economia informal incluído na (a)moralidade influente. Seja no morro, no palácio de governo ou na bolsa de valores, o pragmatismo acaba sendo o único altar onde o poder se ajoelha. Princípio é coisa de gente ou tola, ou antiga, ou atrasada, ou malsucedida.

Uma observação final, não mais que um *post scriptum*: num livro de estréia excelente, uma questão incomoda. O autor, também revisor (?), atenta sistematicamente contra as regras vigentes de colocação pronominal e chega a mudar o gênero da palavra "comichão", empregada no masculino. Não fica claro se é um recurso (mas há outras impropriedades...) para encarecer o "português de hospício" do marquês, uma bobagem que não agregaria valor à obra, ou puro e simples descuido. Falta revisor, sobra autor: o contrário seria pior.

André Sant'Anna
Novo e conseqüente*

O excelente livro *Sexo* (editora 7 Letras), do quase estreante André Sant'Anna — é autor do praticamente clandestino *Amor* (Dubolso, 1998) —, apresenta-se como um texto de personalidade, raro, e retoma, ainda, questões importantes para a literatura e as artes: a pertinência da vanguarda.

É justo dizer que seu livro rompe os limites a que chegou até agora a prosa no Brasil, o que, por si mesmo, não chega a ser grande coisa. Ocorre que o faz com competência, numa narrativa toda constituída de repetições que se percebem milimetricamente planejadas. O cotidiano sem esperanças ou redenção de meia dúzia de pessoas perdidas na grande cidade, cujos nomes se definem por suas máculas de nascimento ou de ofício — Secretária Loura, Bronzeada pelo Sol ou Esposa Com Mais de Quarenta —, é retratado numa espécie de espiral: sempre se está insuportavelmente em torno do mesmo eixo — no caso, uma mesma ocorrência, uma mesma situação; restos de inútil humanidade, no entanto, empurram as personagens para a frente, em sua via-crúcis pequeno-burguesa, privada e sem importância, à volta de uma cama de motel ou de uma mesa de bar.

E não é porque aponte para um universo em desencanto que o livro de Sant'Anna merece ser lido, mas porque dá uma forma nova, consoante com o mundo contemporâneo, a esse desencanto, tão velho quanto a vida. A inquietude de seu texto é muito bem-vinda. É um

---

* Originalmente publicado na revista *Bravo!* nº 30, em março de 2000.

escritor que está pronto para, na seqüência, se quiser, oferecer aos leitores um romance convencional, sem a obrigação de portar uma bandeira.

O grande peso de ser vanguarda — sabem-no na carne os revolucionários de fato, não os artistas, que arte, vá lá, não muda o mundo — é jamais poder descansar para ver o pôr-do-sol. Há sempre que perseguir um novo oriente. O peso da transgressão é a eterna inquietude. Não há quem agüente. Por isso as revoluções buscam seu ponto de ancoragem em alguma forma de conservadorismo, quando não em um idílio regressivo, ambos feitos da mesma matéria que antes constituía sua centelha transgressiva. Estão aí o Romantismo europeu, o Realismo Socialista ou o Concretismo tapuia para prová-lo.

Feita a sua parte, é até preferível que Sant'Anna, para não sofrer de velhice precoce — nada mais antigo que a vanguarda de ontem —, volte um dia desses com um romance convencional. Mas esse já é um problema dele, não nosso.

Cazuza
Herói de classe*

É provável que o Brasil abrigue mais especialistas em rock do que roqueiros. E, dada a premissa, não há como não me sentir usurpador do espaço alheio ao me atrever a escrever sobre Cazuza, morto há dez anos [1990] e referência perene na MPB do B — a música pop brasileira. E, claro, respeito os tais especialistas, mas não acho que o rock de Cazuza — ou qualquer rock — mereça mais do que três linhas. O Cazuza que me interessa e me motiva a escrever é o que escapou da fôrma deboche-com-simpatia daqueles anos 80 e se estabeleceu como uma fala dissonante no cenário modorrento em que nos encontrávamos eu, você, a MPB, o Brasil, o pop e, muito provavelmente, o rock (sabe-se lá...).

Com alguma sociologia a rechear datas, fica-se assim: em 1985, ano em que sai o primeiro LP solo de Cazuza, estava claro que os governadores eleitos diretamente em 1982 não redimiriam os derrotados de 64. Experimentava-se a ressaca das Diretas-Já postergadas pelo regime militar em declínio, e José Sarney — então líder do PDS, ex-Arena, ex-ditadura militar, ex-aquilo tudo desde o corpo de Getúlio Vargas estendido no chão amoral do Brasil — assumiu a Presidência com a morte de Tancredo Neves. Que tempo infeliz! Já se haviam perdido cinco anos daquela década. Outros cinco se perderiam. Tanta perda para tão curta vida!

Não, meninos. Cazuza não vinha fazer o fundo musical de algu-

---

* Originalmente publicado na revista *Bravo!* nº 34, em julho de 2000.

mas decepções. "Exagerado", se quiserem, foi antes uma senha de liberação. Era a nova prova dos noves da alegria no porto seguro da dor. Os que aprendiam a flertar com as "utopias possíveis", os que entravam na vida adulta das concessões, do perde-se hoje para ganhar amanhã, os que já começavam a ver que não seria possível andar sempre em bando pelo mundo podiam se esgueirar entre as patrulhas do bom-gostismo e cantar, como quem tomava um trago de cólera antimonotonia: "E por você eu faço tudo, vou mendigar, roubar, matar/ Até nas coisas mais banais/ Pra mim é tudo ou nunca mais". E aquilo parecia bom.

Mas havia, sim, uma sombra em Cazuza, cuja antimetáfora iria se mostrar numa doença, na forma horrenda de um vírus ampliado milhares de vezes no microscópio eletrônico: o Alien da infâmia instalara-se na história universal da fraternidade. Ao ser combatido, espalhava um mal tão grave quanto a Aids: a solidão. "Exagerado" já trazia, sim, urgência nas entrelinhas para quem tivesse antenas para perceber. Cazuza, ainda não contaminado pelo vírus, já havia sido molestado pela cura. E a solidão mata mais. Ou, nas suas próprias palavras: "Dias sim, dias não/ Eu vou sobrevivendo/ Sem um arranhão/ Da caridade de quem/ Me detesta".

Era recente a morte da poetisa Ana Cristina Cesar (outubro de 1983). Havia, há, ecos, sabe-se lá se voluntários, de Ana Cristina em Cazuza. Ele, menos culto, menos elaborado, menos Sylvia Plath, mas a mesma solidão à beira do abismo, a mesma certeza da incomunicabilidade, o mesmo lamento pela perda de interlocutores numa década assassina de utopias, a mesma busca de universalizar a confissão a ponto de uma esbarrar, às vezes, no prosaico — "Te levo para a Avenida Atlântica beber de tarde/ E digo: está lindo, mas não sei ser engraçada/ (...)/ O meu embaraço te deseja, quem não vê?/ Consolatriz cheia de vontades." — e do outro tocar, de quando em quando, as franjas do sublime: "Solidão a dois de dia/ Faz calor/ depois, faz frio/ (...)/ Eu queria ter uma bomba/ Um flit paralisante qualquer/ Pra poder me livrar/ Do prático efeito/ Das tuas frases feitas/ Das tuas noites perfeitas".

Aquele comentário sobre a morte prematura como que pretendia adverti-lo da proximidade da janela. Inútil. Cazuza tinha a esfinge a lhe propor o enigma às portas de sua Tebas pessoal. E ele também saltou em busca de seu destino: "Me deixem amolar e esmurrar a faca/ Cega da paixão/ E dar tiros a esmo e ferir sempre o mesmo/ Cego coração/ (...)/ Eu não posso causar mal nenhum/ A não ser a mim mesmo".

Tanto o amante sem termos de "Exagerado" quanto o Cazuza político passaram a encarnar o mito do herói romântico, urbano e solitário, o burguês expulso do convívio de seus pares, a carregar nas costas o cadáver enregelado do sonho insepulto ("Meus heróis morreram de overdose/ Meus inimigos estão no poder"). Esse herói sem classe luta também contra uma inadequação de matriz íntima, primitiva, alheia ao governante de turno ou às ilusões perdidas das massas.

É mesmo este o papel do mediatizado herói burguês contra a burguesia: tomar para si o desconforto de uma geração ("Disparo contra o sol/ Sou forte/ Sou por acaso/ Minha metralhadora cheia de mágoas") e devolvê-lo na forma de autodilaceração privada e privatizada: "E nem me importa que mil raios partam/ Qualquer sentido vago de razão/ Eu ando tão down/ (...)/ E me lembrar, sorrindo, que o banheiro/ É a igreja de todos os bêbados".

Da alegria à depressão. Do rapaz bonito, homossexual, rico e transgressor a um cadáver antecipado na capa da *Veja*. Do "viva e deixe viver" do curtíssimo verão da anarquia brasileira pós-abertura-tanga-de-Gabeira aos desejos apartados pelo látex da desconfiança. Da ingênua, confiante e deliciosa "Todo Amor que Houver Nessa Vida" ("Eu quero a sorte de um amor tranqüilo/ Com sabor de fruta mordida/ Nós na batida, no embalo da rede/ Matando a sede na saliva") à melancólica e soturna "Faz Parte do Meu Show" ("Digo alô ao inimigo/ Encontro um abrigo/ No peito do meu traidor"). À sua maneira, Cazuza estabeleceu os pontos por onde passou a parábola dos 80 e se tornou uma referência mais ampla do que um simples artista pop: "um poeta", chegou-se a anunciar.

Diz-se no Brasil que uma letra de música é "uma verdadeira poesia" quando se quer encarecer as suas qualidades. Compreende-se. Num país submetido por mais de trinta anos à ditadura da impostura afásico-concretista, letristas ocuparam o lugar dos poetas. Cazuza, naturalmente, não escapou e agora vai virar livro — um volume a ser lançado neste mês [julho de 2000] que reúne fotos e letras inéditas (editora Globo, organizado pela mãe, Lucinha Araujo, com o título provisório de *O Poeta Está Vivo***).

Há o risco de se cometerem um equívoco e uma injustiça. Equívoco porque Cazuza era compositor e cantor, não poeta. Suas letras são formalmente toscas e não existem sem a música, a performance, o conjunto de sinais que conformaram um discurso pop-político chamado Cazuza. Injusto porque poeta nunca quis ser, ou teria reunido ele mesmo, ainda em vida, sua pretensa obra literária.

De todo modo, que o estilo esteja mais para o Cazuza pré-"Burguesia", a sua obra final e peça de baixo panfletarismo, certamente marcada pelo estado mórbido: "A burguesia fede/ A burguesia quer ficar rica/ Enquanto houver burguesia/ Não haverá poesia". Tudo errado: a burguesia não fede, cheira bem. Não quer ficar rica, já é rica. E gerou a melhor poesia de que se tem notícia. E os melhores letristas, quase poetas, ou poetas em exercício: "E se eu achar a tua fonte escondida/ Te alcance em cheio o mel e a ferida/ E o corpo inteiro feito um furacão/ Boca, nuca, mão e a tua mente, não!/ Ser teu pão, ser tua comida/ Todo amor que houver nessa vida/ E algum remédio que me dê alegria".

** O livro, organizado por Lucinha Araujo e Regina Echeverria, foi lançado com o título de *Cazuza — Preciso Dizer que Te Amo*.

Eça de Queiroz
Eça, personagem de Eça*

No dia 17 deste mês [agosto de 2000], faz cem anos que morreu Eça de Queiroz (1845-1900), inequivocamente tido, fora de Portugal, como o maior prosador português de todos os tempos e talvez o grande mestre do romance em língua portuguesa. Em seu país de origem, no entanto, ainda é motivo de acalorados debates. Para muitos, Camilo Castelo Branco erigiu uma obra não apenas infinitamente mais extensa como também superior. A escrita de Camilo, mesmo atropelada pelos broquéis hiperbólicos do Romantismo, fluiria com mais graça do que a do "realista" Eça. Para esses, o autor de *O Primo Basílio* (1878) foi uma inteligência convertida à literatura, mas lhe faltaria o triunfo superior de uma vocação.

Não se partilha aqui dessa convicção — até porque tanto faz se o artista é assistido pelo dom ou pela labuta; o que importa é a obra que deixa —, embora ela levante, sim, para usar uma expressão eciana, o "véu diáfano da fantasia" que cobre a obra e a vida do escritor e contribua para dimensionar seu legado às letras de língua portuguesa. Legado esse que, no Brasil, será reforçado com a publicação dos dois últimos volumes de sua obra completa pela editora Nova Aguilar.

Que Eça tenha escrito pelo menos dois romances exemplares — *O Crime do Padre Amaro* (1880) e *Os Maias* (1888) —, não há dúvida. Com eles, atingiu o promontório da prosa realista (ou naturalista, no primei-

---

* Originalmente publicado na revista *Bravo!* nº 35, em agosto de 2000.

ro exemplo, para acatar a distinção que normalmente se faz) portuguesa. O primeiro é o puro romance de tese, como é também *O Primo Basílio*. O intento da chamada Geração de 70 de denunciar as mazelas sociais, a hipocrisia da vida burguesa e as tontices idealistas do Romantismo está neles perfeitamente plasmado.

As ocorrências que envolvem *O Crime do Padre Amaro* e *Os Maias* (1888) são chaves importantes para tentar compreender por que o escritor que escreveu algumas das melhores páginas da literatura portuguesa também conseguiu escrever algumas das piores. Comecemos pelo padre. Seu Amaro teve nada menos do que três versões. A primeira se resumia aos amores impossíveis de uma rapariga e um jovem que resolvera vestir a batina. Nada mais. Desta para a terceira e definitiva, a de 1880, Amaro se converte num crápula bem ao gosto do anticlericalismo de rigor entre os partidários da literatura realista. Vale dizer: Eça de Queiroz escrevia um livro *ad hoc*, adaptado ao gosto da maré mais do que então influente na literatura européia. A imaginação do artista saltava de um padrão romântico — amores impossíveis de um clérigo e de uma jovem poderiam bem estar numa novela de Camilo — para render seus serviços no altar da ortodoxia do romance social.

Com *O Primo Basílio*, a rendição fora completa. Eça não intentou outra coisa que reescrever em tintas locais *Madame Bovary*, de Flaubert, um de seus mestres. Sua Ema é Luísa (embora esta seja mais tonta); Charles, o marido bocó, é Jorge (embora este seja mais esperto); o sedutor será Basílio, o primo, um grosseirão amaneirado incapaz de açular a imaginação romântica de quem quer que fosse. O ruído que se ouve ao fundo é a média burguesia lisboeta, mas os pilares são inequivocamente flaubertianos. Inequívocos, porém com muito menor brilho, intensidade, complexidade.

Se a Ema de Flaubert se deixa corroer pelo desengano e pela culpa e morre num gesto de altivez, a Luísa de Eça não é senão vítima de uma trapaça e dos planos mesquinhos de Juliana, a criada (não fosse a esperteza desta, todos terminariam bem: ela, o marido corneado e o Basílio folgazão...). Em Ema, a imaginação feminina, ainda que no erro e na fraude, tem um potencial verdadeiramente subversivo (sabiam bem os reacionários de plantão o que faziam quando a levaram, na pessoa de Flaubert, às barras dos tribunais); Luísa é uma idiota que cai na lábia de um falastrão.

Reconheça-se, no entanto, que personagens laterais, a já citada Juliana e o Conselheiro Acácio, dão provas, num livro ruim, do grande talento do escritor. A criada é das personagens mais patéticas, repugnantes e dignas de pena da literatura universal. Seu ressentimento é tão visceral que assusta; seus sonhos são tão mesquinhos que constrangem. Acácio, por suas tautologias e retórica oca, se tornou metáfora da sapiência inútil e superficial. Num tratado de baixa sociologia, são personagens que emergem para a diferença. Eça, ele próprio, sabia que fizera um livro ruim.

Em carta a seu amigo Ramalho Ortigão, escreve: "Acabei *O Primo Basílio* — uma obra falsa, ridícula, afetada, disforme (...). O estilo tem limpidez, fibra, transparência (...). Mas a vida não vive". Machado de Assis escreveu que Luísa não era outra coisa que um "títere". E ainda se saiu com uma ironia memorável: concluiu que o sucesso da mulher adúltera só depende da fidelidade dos criados.

O ápice de sua obra realista-naturalista virá mesmo com os dois volumes de *Os Maias*, divisa, pois, entre o escritor que veio antes — combativo, republicano, crítico ácido da aristocracia decadente e da burguesia — e o que virá depois, já despotencializado de qualquer fervor reformista, seja na obra, seja na vida, condescendendo com uma certa grandeza abstrata de um Portugal só existente nos desejos e na memória afetiva. Numa carta endereçada a seu editor em 1887, por ocasião da publicação do primeiro volume, Eça reitera a necessidade de haver um subtítulo para *Os Maias*: "Episódios da Vida Romântica", com o que fica claro o sentido de trilogia que o livro assume ao lado de *O Crime do Padre Amaro — Cenas da Vida Devota* e de *O Primo Basílio — Episódios da Vida Doméstica*.

Com *Os Maias*, o escritor praticamente fecha o cerco crítico (depois, viria o exultório) que fez à sociedade portuguesa, embora dela já estivesse apartado havia tempos — diplomata, transferiu-se para Cuba em 1870, dali para a Inglaterra em 1874 e, finalmente, para Paris em 1888 (ano da publicação de *Os Maias*), onde morou até morrer. No livro que vai relatar os amores incestuosos dos irmãos Maria Eduarda e Carlos Eduardo se tece, aparentemente (e atente-se para o advérbio), um dos mais espetaculares e cruéis quadros da alta sociedade portuguesa.

A história do amor proibido de dois irmãos tem uma amplitude e um sentido maiores do que fizera até então nos dois outros romances famosos — escrevera ainda nos intervalos *O Mandarim* e *A Relíquia*, obras menores, mas que já deixam entrever o seu fastio com aquela literatura que desenhava os cenários de uma lógica imperturbável na qual as personagens se moviam atadas, para lembrar Machado, pela sociedade titereira. Há, sim, resquícios de esquematismo. A primeira parte do romance, que praticamente correspondente ao primeiro volume, como que prepara, explica e justifica o que se passará depois. O argumento é folhetinesco. Nos três primeiros capítulos, relativamente curtos, se apresentam os antecedentes psicológicos, econômicos e até físicos do que se vai desenrolar nos outros quinze. Também estão ali as circunstâncias que resultarão nos amores incestuosos dos dois irmãos.

Mas é preciso superar esse molde algo enganoso em que a obra se conforma. O que Eça fez nesse romance não se resume àquilo que em *O Crime do Padre Amaro* ou em *O Primo Basílio* poderia ser classificado como a força da sociologia descritiva compondo personagens sem relevo. Se, em *Os Maias*, não há investigação psicológica (não há), há, no entanto, o estabelecimento de grandes planos de comportamento, fundidos com a história (aquela que se costuma escrever com "h" maiúsculo). O resultado são personagens que, como é de rigor, ainda não escrevem sua vida como querem, e sim sob certas circunstâncias que não são de sua escolha, é fato, mas que estão longe da previsibilidade dos animais sociais antes enlaçados pelo autor numa teia de fatalidades para lhes estudar o comportamento típico: o clérigo canalha incapaz de vencer os próprios instintos, a casada insatisfeita que não resiste ao adultério, o burguês janota alheio a qualquer forma de compromisso, o aristocrata decadente incapaz de entender um palmo adiante do nariz. Destaque-se, de resto, que nenhuma dessas personagens se constituía, de fato, em representante de sua classe. O próprio Eça reconheceu numa carta quanto a sua Luísa se mostrava, na verdade, atípica na pequena burguesia puritana lisboeta. Mas ela era necessária àquele experimento literário em particular.

Carlos Eduardo e Maria Eduarda resultam da união infeliz de um pai fraco e suicida (Pedro) — um misto de ensimesmamento hamletiano, fúria edipiana e fervor amoroso de Romeu traído — com uma Julieta (Maria) da pá virada, que foge com um aventureiro de boa lábia. Apartados, reencontram-se para viver a sua tragédia privada segundo os códigos — e aí entra o Eça de sempre — de sua classe. Então se opera o magistral. O que poderia ser mais um "estudo" se transforma num magnífico painel *fin-de-siècle* já não da burguesia lisboeta apenas, como se tem dito, mas da Europa. Embora Eça reclamasse, mais de uma vez, que lhe sobrasse estilo e lhe faltassem idéias, dessa vez elas estão todas ali, fragmentadas, é fato, em situações mais próximas do drama ligeiro do que do romance. Uma passagem, a do poetastro Alencar a lamentar as injustiças sociais num sarau, vale ser reproduzida:

"A sala permanecia muda e desconfiada. E o Alencar, com as mãos tremendo no ar, desolava-se de que todo o gênio das gerações fosse impotente para esta coisa simples — dar pão à criança que chora!

Martírio do coração!/ Espanto da consciência!/ Que toda a humana ciência/ Não solva a negra questão!/ Que os tempos passem e rolem/ E nenhuma luz assome,/ E eu veja de um lado a fome/ E do outro a indigestão! Ega torcia-se, fungando dentro do lenço, jurando que rebentava. E do outro a indigestão! Nunca nas letras líricas se gritara nada tão extraordinário! E sujeitos graves, ao redor, sorriam daquele 'realismo' sujo. Um jocoso lembrou que para indigestão já havia o bicarbonato de potassa."

Nessa, como em outras situações de *Os Maias*, Eça transfere o seu notável humor e senso crítico, freqüentes nas cartas aos amigos e nos artigos de jornal, para a sua literatura. De maneira entre jocosa e cínica — dir-se-ia enfastiada mesmo —, ironiza as questões literárias e políticas do fim do século XIX. Mas, já se disse aqui, ele mesmo o disse, não era um escritor de idéias, e sim um estilista. De comum com tudo o que escreveu, mesmo as obras ruins, há em *Os Maias* uma naturalidade e uma fluência na língua portuguesa como não se viram antes e raramente serão vistas depois. A agilidade dos diálogos, a galeria variada de personagens, a precisão substantiva das descrições e a capacidade de criar situações que praticamente impõem às personagens a sua ação imediata o fazem mestre incomparável.

Ademais, o rigor com que construiu personagens dotados de uma moral, no fim das contas, de curto alcance, mal de que não escapam nem mesmo seu Fradique Mendes ou seu Jacinto (criados ambos para ser bacanas...), alcança a excelência em Carlos Eduardo. Ele é uma monstruosidade que atinge o sublime, feito só de superfícies, formado só pelas exterioridades, tocado ora pela paixão cega, ora pelo desinteresse. Sua filosofia de vida, como fica espetacularmente revelado nas páginas finais do romance, é a vacuidade, o nada, a consciência do absurdo da existência. Nele, coisa nenhuma, nem interesse particular nem uma idéia redentora, o fazia mover-se. A maquinaria sociológica que o escritor pôs a serviço da literatura para justificar suas Luísas, Basílios e Amaros é substituída, em *Os Maias*, por uma espécie de teoria do puro acidente.

Repare-se no trecho abaixo, quando Carlos busca se separar da irmã-amante. Poucas vezes se escreveram páginas tão angulosas e incômodas: "Quando seus braços o enlaçavam, o esmagavam contra seus rijos peitos túmidos de seiva, ainda de certo lhe punham nas veias uma chama que era toda bestial. Mas apenas o último suspiro lhe morria nos lábios, aí começava insensivelmente a recuar para a borda do colchão (...). Se partisse com ela, seria para bem cedo se debater no indizível horror de um nojo físico. E o que lhe restaria então, morta a desculpa do crime, ligado para sempre a uma mulher que o enojava — e que era... Só lhe restava matar-se". O que ele não fará, sabemos. No fim das contas, Carlos Eduardo resume a sua filosofia de vida: "Tudo aceitar, o que vem e o que foge (...) Deixar essa matéria organizada que se chama Eu ir-se deteriorando e decompondo até reentrar e se perder no infinito universo... Sobretudo não ter apetites. E, mais que tudo, não ter contrariedades".

A maldição de Castilho

Eça chegara ao promontório. Só lhe restava descer. O conjunto do que produziu, como se disse, é diverso e de qualidade desigual. Mas não há como não lamentar um certo "antiestalo" (para lembrar o estalo de Padre Vieira, que teria desmaiado estúpido e acordado gênio) que sofreu em sua carreira de escritor.

Obras que sucederam a *Os Maias*, como a *A Ilustre Casa de Ramires* (1900), *A Correspondência de Fradique Mendes* (1900) e *A Cidade e as Serras* (1901), revelaram o estilista de sempre, mas agora sem qualquer força que o animasse. Ao contrário. Um certo desejo de se reconciliar com o Portugal que, no fim das contas, padeceu no brilho de sua pena, cria um idealista de vista curta, que alimenta sentimentos, no caso de *A Cidade...*, tacanhos, quando não reacionários. E não que seja ruim por isso; Fernando Pessoa é um dos artistas mais conservadores nascidos em Portugal, mas quanto brilho e originalidade em *Mensagem*, a obra da restauração literária!

Eça, não. Desmilingüiu-se numa visão ingênua ou da vida serrana, ou do medievo português, ou de um humanismo difuso, da contemplação. O Jacinto de *A Cidade e as Serras* é uma mistura de Emílio e bom selvagem com dois séculos de atraso. Como personagem, nada vale; como ser filosofante, é de uma pobreza franciscana; como observador da cultura e da economia do fim do século, é um ignorante. Que diabos, afinal, aconteceu com Eça, convertido a reconstruir a vida de santos em textos tão belos quanto, no fundo, inócuos? A explicação plausível é que, enfim, caminhou para ser um dos seus, oriundo que era das camadas superiores da sociedade portuguesa, diplomata de carreira e, como se vê no início deste texto, abraçado a uma causa que lhe era estranha e externa. Revela-se ali que o próprio Eça fora, afinal, uma personagem eciana.

Mas há também o insondável, ao menos à primeira vista. E ele dá conta de que a geração de algum modo ligada à Questão Coimbrã, o movimento que introduziu "a bengaladas" o Realismo em Portugal e ridicularizou o oficialismo romântico do então poderoso António Feliciano de Castilho, parece ter sucumbido a uma sua quase maldição. Como um terrível Tirésias, previu o poeta cego das *Cartas de Eco e Narciso* um mau destino para o movimento realista e seus próceres. Ora mais, ora menos, ora na poesia, ora na prosa, Eça de Queiroz, Antero de Quental, Guerra Junqueiro, Gomes Leal, Fialho de Almeida, Ramalho Ortigão, entre outros, acabaram por revisar posições, todos algo amargurados com sua própria obra, todos eles Jacintos na vida, saudosos das glórias passadas, de Deus, do idílio com a natureza.

E, convenhamos, nada tão profundamente português quanto essa saudade do que não houve ou do que poderia ter sido. A literatura pregou uma peça em Eça de Queiroz: ao renegar o que era e buscar ser quem não era, perdeu-se, mas se encontrou com a grande obra; ao reencontrar-se consigo mesmo, perdeu-se como escritor, mas parece ter encontrado sossego na vida.

Álvares de Azevedo
O anti-herói da lira*

Quando o Rimbaud deles nasceu, o nosso já houvera morrido. Dois anos antes. O deles teve a sorte de ter sobrevivido à própria obra, virado amante de Verlaine — um poeta católico, carola e chato pra chuchu —, traficado armas, tido, enfim, uma vida mais venturosa do que as próprias páginas que deixou. É sua vida que joga luz nas temporadas que passou no inferno, não o contrário. Fechado o balaio dos versos, tivesse ele se tornado, em vez de vagabundo, tecelão, agricultor ou taverneiro, quem sabe seus poemas não se elevassem à condição de emblemas premonitórios. É grande, pois, em qualquer tempo, a tentação de usar a biografia de um autor para justificar-lhe a obra e esta para reescrever-lhe a vida. O nosso Rimbaud, europeizado pela literatura e brasileiro por condição, *malgré lui même*, se chamou Manuel Antônio Álvares de Azevedo (1831-1852), cuja obra completa — pela primeira vez com os textos críticos e discursos — é agora reunida pela editora Nova Aguilar [dezembro de 2000]. Uma edição há muito reclamada. Álvares é maior do que freqüentemente se admite e não merece ficar enclausurado nos livros didáticos.

A lembrança de Rimbaud tem aqui o alcance do mito do adolescente genial, de sentidos sistematicamente desregrados, convertido aos livros, forjado no desconforto existencial de uma vida aburguesada, sem novidade ou brilho, a vislumbrar na arte a ascese, a salvação, e onde acaba por lapidar a desesperança e a melancolia. As eras classicizantes tendem a

---

* Originalmente publicado na revista *Bravo!* nº 39, em dezembro de 2000.

ressuscitar o pastor virgiliano da Idade do Ouro, como se as artes organizassem a desordem da vida e lhe apontassem um norte. O Romantismo — uma das muitas recaídas no universo barroco dos contrastes, das oposições inconciliáveis, da vida experimentada como queda e perda da inocência — prefere os anjos da desordem e do caos.

Álvares de Azevedo viveu nesse tempo em que jovens bem-postos entravam na vida por meio dos livros e dela saíam para entrar na história. Sua obra, quase sempre, é antecedida por uma mitologia de transgressões e idiossincrasias, ora colhidas de testemunhos, ora hauridas de cartas pessoais deixadas a familiares e amigos. No Brasil, talvez tenha sido o poeta — exceção feita a Castro Alves — que mais encarnou o mito do escritor convertido ele próprio em herói. Leiam-se, por exemplo, os seguintes fragmentos do excelente poema "Idéias Íntimas": "(...) Vem tu agora,/ Fantástico alemão, poeta ardente/ Que ilumina o clarão das gotas pálidas/ Do nobre Johannisberg. Nos teus romances/ Meu coração deleita-se.../ (...)/ Junto do leito meus poetas dormem/ — O Dante, a Bíblia, Shakespeare e Byron —/ Na mesa confundidos./ (...)/ Havia uma outra imagem que eu sonhava/ No meu peito, na vida e no sepulcro/ Mas ela não o quis... rompeu a tela/ (...)/ Parece que chorei... Sinto na face/ Uma perdida lágrima rolando.../ Satã leve a tristeza! Olá, meu pajem,/ Derrama no meu copo as gotas últimas/ Dessa garrafa negra.../ (...)/ Vem, fogoso cognac! É só contigo/ Que sinto-me viver (...)".

Há resumido nos versos acima todo o credo de uma geração: o "fantástico alemão" é uma referência a Goethe e a seu *Werther*, a novela que retratou a biografia íntima de um rapaz que se apaixona por Carlota, uma campônia alemã de braços fortes, que insistia em ter uma existência fora da imaginação do ser apaixonado. Werther padecia de depressão e melancolia. Por isso dá um tiro nos cornos. A obra teria chegado a provocar uma onda de suicídios na Europa, pela qual Goethe teria sido chamado a responder em juízo: "O sistema de vocês é responsável pela morte de milhares. Por que não podem suportar algumas mortes ao meu Werther?". Ainda que seja tudo mentira, é tudo verdade. Um psiquiatra moderno receitaria Prozac a Werther, aos suicidas e ao próprio Álvares... "Idéias Íntimas" é uma espécie de paleta de cores da obra do autor, em que o tal eu lírico é colhido, entre livros, a sonhar com a amada impossível, a manipular os signos da morbidez, da doença e de um satanismo *light*, de apelo não mais do que literário.

A extraordinária e relativamente vasta obra desse garoto, produzida entre os dezesseis e os vinte anos, não chegou a gerar uma fortuna crítica considerável. Machado de Assis louvava-lhe a "quase" genialidade. O mesmo fez Mário de Andrade (embora tenha contribuído para espalhar a fofoca de sua virgindade — e daí?...). Sílvio Romero, em sua *História da Literatura Brasileira*, rende-se à sua poesia — "maior que a de Baudelaire" — e lhe faz ao menos uma crítica azeda. Antonio Candido, em seu *Formação da Literatura Brasileira*, destina-lhe páginas preciosas. Álvares, morto aos 21 anos, com uma obra inédita, é o quarto nome mais citado pelo autor no índice remissivo. Dada a natureza do estudo, uma prosa histórica, argumentativa, isso demonstra o alcance da obra desse quase adolescente.

O ineditismo em vida o fez dono de uma obra desigual — claramente, apenas *Lira dos Vinte Anos* estava concluída para publicação. Brilham com a força de um talento extraordinário as poesias de *Lira...*, os contos de *Noite na Taverna* e o drama inacabado *Macário*, o melhor de tudo na opinião deste escrevinhador. E há poemas sofríveis, como "O Conde Lopo", "O Poema do Frade" e "O Livro de Fra Gondicário". Os últimos são exemplos de uma estética tomada de empréstimo, em que um autor escreve segundo a metafísica influente de uma época. Hábil com as palavras, aluno brilhante, tradutor doméstico, já quando jovenzinho, de Byron, Shakespeare, Musset e Shelley, não lhe era difícil mimetizar o espírito de uma era e organizá-lo em versos.

Será entre nós, sob as arcadas da Faculdade de Direito do Largo São Francisco, o representante máximo do byronismo. Byron é mais do que uma inspiração; é citação, epígrafe, cópia mesmo. Da transposição direta das impressões do muito vivido autor de *Childe Harold* resulta, na pena de um estudante quase enclausurado, uma poesia artificial e sem brilho. Mas, se o autor inglês era o traje a rigor com que o jovem das Arcadas se apresentava aos seus, este saberá transgredir a regra ao fundir aquele tédio militante e algo agressivo a um lirismo original, de cor local, em que, à algaravia de um desencanto muito profundamente vivido no Velho Continente (além do inglês, o francês Musset, o alemão Goethe...), opõe o seu, de jovem leitor poliglota de um país periférico. Assim, ao incorporar uma fluência da rua, ao recorrer também a um linguajar nada erudito, a obra de Álvares soube ser bem brasileira, embora raramente falasse do Brasil. E é precisamente isso que se tem ignorado em sua obra, lida reiteradamente como reflexo nacional do decadentismo europeu.

É claro que a sua curtíssima vida confere verossimilhança ao equívoco. De saúde frágil, acometido pela tuberculose, sofre uma queda de cavalo em dezembro de 1851, da qual não se recupera. Morre quatro meses depois em decorrência de um tumor na fossa ilíaca, surgido após o acidente. Aos quatro anos, houvera perdido um irmão. Criado no Rio, sente-se um exilado em São Paulo, cidade de que fala muito mal em cartas à mãe. Os elementos para o mito estão dados. O resto se colhe em seus versos. E a mitificação esconde o brilho de uma inteligência superior, que não estava voltada apenas para a produção de versos e o consumo de conhaque.

Era um estudante obsessivo e rigoroso. Numa carta datada de 1º de março de 1850, relata a um amigo: "Não tenho passado ocioso estas férias (...) Neste pouco espaço de três meses escrevi um romance de duzentas e tantas páginas; dois poemas, um em cinco e outro em dois cantos; uma análise de Jacques Rolla, de Musset; e uns estudos literários sobre a marcha simultânea da civilização e da poesia em Portugal, bastante volumosos, um fragmento de poema em linguagem muito antiga (...)". Haja fôlego! À euforia, segue-se a depressão de um Álvares com aparente distúrbio bipolar: "A essa minha agitação de espírito, sobrevém-me, às vezes, um marasmo invencível (...)".

Essa quase e falsa identidade entre vida e obra afastou a crítica do melhor Álvares, o da ironia e das polêmicas literárias. Diz-se aqui, sem medo de errar, que algumas passagens do drama inacabado *Macário* e alguns poemas de vertente satírica de *Lira dos Vinte Anos* são das melhores coisas que se fez na literatura brasileira, quer seja pelo texto, ele mesmo — mordaz, irônico, engraçado, despretensioso, fluente, com aquisições da fala popular —, quer pelo que põe em trânsito. Nos debates entre as personagens Macário e Penseroso — aqui, sim, ego e alter ego literários do autor —, entrechocam-se visões opostas de mundo. Macário é internacionalista, desaforado, cínico, cético, descrente, demolidor de certezas. Penseroso é nacionalista, crente, amoroso, idealista. Entre ambos, ninguém menos que Satã, o próprio diabo, uma cunha de racionalidade e pragmatismo a contestar dois jovens tocados, cada um à sua maneira, pelo fogo do idealismo. Repare-se nos fragmentos abaixo:

"SATÃ (Diante do corpo desmaiado de Macário) — Que loucura! (...) Porque amou, e uma bela mulher o embriagou no seu seio, querer morrer! (carrega-o nos braços). Vamos... E como é belo descorado assim! Com seus cabelos castanhos em desordem, seus olhos entreabertos e úmidos, e seus lábios feminis! Se eu não fora Satã, eu te amaria, mancebo... (...).

MACÁRIO (Para Penseroso) — Falas em esperanças (...) O mundo está de esperanças desde as primeiras horas da criação... e o que tem havido de novo? Se Deus soubesse do que havia de acontecer, não se cansara em afogar homens na água do dilúvio, nem mandar crucificar, macilenta e ensangüentada, a imagem de seu Cristo divino (...) Músicos — nunca serão Beethoven, nem Mozart. Escritores — todas as suas garatujas não valerão um terceto de Dante. Pintores — nunca farão viver na tela uma carnação de Rubens (...).

PENSEROSO (Para Macário) — Alma fervorosa, no orgulho de teu ceticismo, não te suicides na atonia do desespero. A descrença é uma doença terrível, destrói com seu bafo corrosivo o aço mais puro (...) Tu e eu que somos moços, que sentimos o futuro nas aspirações ardentes do peito (...), a nós o lago prateado da existência."

O debate acima, cuja estrutura, a qualquer tempo, pode ser atualizada com conteúdos novos, está longe de ser raro na obra deixada pelo jovem poeta. Está presente em suas cartas, em escritos esparsos, nas conversas de *Noite na Taverna* e num absolutamente brilhante prefácio à segunda parte de *Lira dos Vinte Anos*. Mais do que o poeta, o Álvares de Azevedo crítico da cultura e da literatura é dono de uma rara maturidade para a sua tão pouca idade e de uma formação intelectual espantosamente singular. E não se negava a comprar brigas e a participar de confrontos. Em uma delas, pelo que foi censurado por Sílvio Romero, como se lembrou aqui, afirmou o óbvio: "Segundo nosso muito humilde parecer, sem língua à parte, não há literatura à parte". Com isso, atacava a moda da poesia militantemente nacionalista, de corte indianista. Chega mesmo a citar as "Poesias Americanas", de Gonçalves Dias, como exemplo a não ser seguido. Lembra no texto que não é o tema, mas a língua, que confere a identidade profunda de uma obra.

O nosso Rimbaud foi mais longe do que o deles!

Murilo Mendes
Cem anos no azul do caos*

"Mamãe vestida de rendas/ Tocava piano no caos./ Uma noite abriu as asas/ Cansada de tanto som,/ Equilibrou-se no azul,/ De tonta não mais olhou/ Para mim, para ninguém:/ Cai no álbum de retratos." Eis aí o poema "Pré-História", do livro *O Visionário*, de Murilo Mendes, agora na eternidade, a exercer, segundo a sua crença, "a vontade/ augusta de ordenar a criatura/ ao menos", para lembrar versos do poeta Mário Faustino. "Pré-História" serve de emblema e de minipoética da obra desse juizforano que dedicou boa parte da vida a pôr limites nos juízos de Deus.

O poema traz um corte autobiográfico (Murilo ficou órfão antes de completar dois anos), é um primor de expressão surrealista ("Mamãe vestida de rendas/ Tocava piano no caos./"), apela mais à apreensão sensorial do que a uma inteligência abstrata, conceitual, consoante com um amante das artes plásticas e da música (embora não fosse musical), particularmente de Paul Klee e Mozart ("Cansada de tanto som,/ Equilibrou-se no azul"), flagra o homem sozinho, perdido, que vai ter de enfrentar o indeterminado ("De tonta não mais olhou/ Para mim, para ninguém"). E se encerra com o peso da memória que oprime os vivos: "Cai no álbum de retratos".

Surrealismo, sensorialismo, memorialismo, solidão diante do caos, eis algumas das características da obra daquele que foi, ao lado do amigo e também católico fervoroso Jorge de Lima, o mais plural, diver-

---

* Originalmente publicado na revista *Bravo!* nº 44, em maio de 2001.

so e desigual dos grandes poetas do Modernismo. O que "Pré-História" apenas esboça, a história se encarregaria de revelar: a mãe que, com a morte, abandona a criança no desentendimento será substituída em sua obra por um Deus-patrão, inescrutável, que lança o homem à sua própria sorte. Uma espécie de síndrome de Jó vai perpassar o melhor de sua produção: "Terribilíssimos dedos/ Desdobram vidas paralelas/ De sangue, mordaça e lágrimas./ (...)/ O Criador nos abandona à nossa própria sorte,/ Recusando as hóstias profanadas".

À feição do menino abandonado no passeio público, que busca abrigo no primeiro que lhe dê atenção, Murilo agarra-se ao Cristo vivo, que serve ainda de guia para a obra: "Também eu vi aquele/ Que vem precedendo a nova era./ (...)/ A sabedoria se manifesta pelos seus lábios/ E a plenitude da arte pelas suas mãos". Esse Deus humanamente precário será seu aliado contra o caos. O outro fundamental elemento de sua obra revelado em "Pré-História" é a mulher inalcançável, fugidia, uma imagem sempre em trânsito, metamorfoseada ora na mulher-mãe, ora na mulher-Igreja ("A igreja toda em curvas avança para mim,/ Enlaçando-me com ternura"), ora na mulher-amante ("Agasalha-me à sombra do teu corpo./ Aninha-me entre teus seios,/ Aquece-me no calor do teu ventre."), ora na mulher-puta ("Ipólita, a putain do fim da infância,/ (...)/ Os lábios escandindo a marselhesa/ Do sexo./ Os dentes mordem a matéria."). Todas — mãe, Igreja, amante e puta — são santificadas na "ginofilia extrema" (conforme a classificou José Guilherme Merquior) de Murilo Mendes.

As características listadas ainda não dão conta de todas as faces da obra de Murilo, sempre pronta a angustiar os que sobre ela se debruçam. Desde logo, se é tomado pela ânsia de falar tudo, como contraponto ao abandono a que foi relegada, banida que está das livrarias, dos cursos de letras e dos mestrados e doutorados das universidades. Para tanto, contribuíram fatalidades, como a morte precoce de Mário Faustino; a miséria política, evidenciada com a ditadura militar; uma brutal ignorância, que dispensa exemplos; o Partido da Poesia Universitária, sempre muito atarefado em ver todos os detalhes, menos o essencial, e o laicismo bocó e desinformado.

Assim se urdiu a involuntária conjuração do silêncio em torno da obra de Murilo, o Paulo de Tarso da poesia, inspirado, sim, mas também guardião percuciente da chave da sabedoria. Não foi o único a ser mergulhado no oblívio. Com ele, e por razões muito parecidas, está Jorge de Lima, o São João Evangelista desta parábola, o herdeiro entre nós da tradição épica, o homem movido pelas chamas de todos os apocalipses. Se Lima tinha a poesia e o cristianismo primitivo como combustíveis de suas antevisões, Murilo, o professor de literatura brasileira, era dono da informação rigorosa e da vocação para falar aos gentios.

Tivesse Faustino — entusiasta de Lima, leitor de Murilo e sempre disposto ao confronto — sobrevivido às alturas, a impostura concretista, com a qual flertou e logo se desencantou, teria sucumbido à própria mediocridade. Em vez disso, o *kit* "Faça Você Seu Próprio Trocadilho" e o panfleto militante "Você já Matou o Seu Verso Hoje?" tomaram o jornalismo cultural e se aboletaram na crítica universitária. Enquanto a ditadura dos generais comia a pau, valentes rapazes empreendiam a guerrilha contra a ditadura do verso. Pfui... Lima houvera morrido em 1953, Faustino, em 1962, Cecília Meireles, em 1964, Manuel Bandeira, em 1968, Vinicius de Moraes caíra no sambinha, e Murilo Mendes decidira ficar longe das trevas da política e das letras, morando na Itália (alguns porta-vozes da escuridão chegaram a visitar-lhe o refúgio, é verdade...).

Assim se criaram gerações de leitores, de críticos, de professores e de jornalistas que — atenção! — NUNCA leram uma miserável linha de Murilo ou de Jorge de Lima, mas que se mostram muito hábeis em arrotar pensamentos gasosos sobre poesia semiótica e cerveja. Os filisteus, para se resguardar, fizeram um pacto de não-agressão com os adoradores e aduladores de Carlos Drummond de Andrade, ofereceram proteção crítica e intelectualmente mafiosa a João Cabral de Melo Neto, que caiu na conversa, e impuseram toque de recolher ao dissenso.

Tudo explicável. A obra de Murilo Mendes não se deixa desvendar ou seduzir por meia dúzia de paráfrases e perífrases de vida fácil. Não é, vamos dizer, *Elefante*, de Francisco Alvim, a que tem de socorrer a vulgata marxista do *psor* Roberto Schwarz, que lhe aplicou, no *Jornal de Resenhas*, um *upgrade* de luta de classes para iniciantes com o intuito de demonstrar que onde não havia verso havia a boa intenção contestadora. Também não se presta a ornar a flora devastada e crestada pela política de ocupação de campos e espaços dos discípulos da afasia concretista.

O estalo de Murilo

Até os 33 anos, ele "falava como menino, julgava como menino, discorria como menino" — para lembrar o Paulo da Primeira Epístola aos Coríntios (1 Cor 13:11). No dia 6 de abril de 1934, diante do corpo do amigo e fervoroso católico Ismael Nery, foi como se o ex-católico, então ateu e auto-intitulado marxista, tivesse sido fulminado pela luz divina, e os sete dons do Espírito Santo — Sabedoria, Entendimento, Conselho, Fortaleza, Prudência, Piedade e Temor de Deus (Is 11:2) — o houvessem tomado de uma só vez em maravilhosa manifestação. Junto com o ateísmo pueril ficaria para trás o modernismo infantil à Oswald de Andrade e amigos. A tal ponto que chegou a renegar *História do Brasil*, um livro de poemas-piadas publicado em 1932. Com efeito, um Oswald qualquer escreveria coisas como "Quando o almirante Cabral/ Pôs as patas no Brasil/ O anjo da guarda dos índios/ Estava passeando em Paris (...)".

O livro que se segue à morte de Nery, *Tempo e Eternidade* (1934), escrito a quatro mãos com Jorge de Lima, já buscava no ignoto "a companhia dos satélites", na expressão de Pedro Nava. Ambos fazem seu Saltério particular, abdicando dos aspectos penitenciais dos salmos bíblicos e se fixando em seu caráter propriamente messiânico e piedoso: "(...) Meu novo olhar é o de quem penetra a massa/ E sabe que, depois de ela ter obtido pão e cinema,/ Guerreará outra vez para não se entediar (...)".

Ao deixar para trás o ateísmo e o que já lhe cabia na partilha do butim modernista, não é apenas a fé que o poeta reencontra, mas também a sua vocação originalmente surrealista, um traço distintivo a que havia, de muitos modos, renunciado para atender ao cânon já poderoso de todos os Andrades do Modernismo. Seu Deus não é o redentor das línguas de fogo, mas o filho de Deus que é, também, e em igual proporção, filho do homem. Murilo passa a combinar a sacralização da vida comum, do cotidiano e do banal e a humanizar a mente divinal.

O belo livro *A Poesia em Pânico* (1938) é exemplar desse cristianismo humanizado. Lê-se no poema "A Destruição": "(...) Ó Madalena, tu que dominaste a força da carne,/ Estás mais perto de nós do que a Virgem Maria,/ Isenta, desde a eternidade, da culpa original./ Meus irmãos, somos mais unidos pelo pecado do que pela Graça:/ Pertencemos à numerosa comunidade do desespero/ Que existirá até a consumação do mundo". Essa religiosidade agônica, em muitos momentos, forçará as portas do sensualismo, do erotismo, da "ginofilia extrema". A cada novo livro de Murilo, o apelo místico vai, aos poucos, se eclipsando. A fé, que borbulhava inicialmente na superfície do verso, urgente, vigorosa, atrevida, vai sedimentando e dando lugar a um tom mais reflexivo, o que é verdade mesmo no mais religioso de todos os livros, *O Discípulo de Emaús* (1944).

Os elementos da obra do autor aqui listados, perenes embora, não são únicos. Há sempre uma face nova a desvendar no poliedro. A referência não ocorre à toa: ele próprio criou uma série de poemas a que chamou "murilogramas", aplicando à geometria plana do mundo o elemento-desordem: Murilo Mendes. Autor dos mais informados, experimentou as mais variadas formas da expressão lírica. Chegou mesmo a flertar com e a humilhar o Concretismo no livro *Convergência* (1970). Flertou porque, de fato, brincou com os tais "deslocamentos do sintagma" (argh!!!) e fez folias interlingüísticas ("Paul Klee/ Paul clé"). Humilhou porque penetrou naquela equação mistificadora e a estourou por dentro. O que aos politiqueiros do fim do verso custava um pesado proselitismo, Murilo fazia brincando.

Tocou a grandeza e estabeleceu novos limites do sublime e da inteligência em *As Metamorfoses* (1944) e *Contemplação de Ouro Preto* (1954). No primeiro, reconta as prefigurações de Ovídio à luz do cristianismo, num exercício de sensibilidade, inteligência e diálogo com a cultura como raramente se terá feito no Brasil. No segundo, religiosidade, sensualismo e plasticidade se plasmam em fina poesia. Foi ainda o prosador profundo das memórias *A Idade do Serrote* e de anotações deliciosas sobre autores, lugares e personalidades em *Retratos-Relâmpago*, *A Invenção do Finito*, *Janelas Verdes* e *Conversa Portátil*.

Sobre Murilo, talvez bastassem as seguintes palavras, do poema "Murilo Mendes Hoje/Amanhã", de Drummond: "Peregrino europeu de Juiz de Fora,/ Telemissor de murilogramas e grafitos,/ Instaura na palavra o seu império./ (A palavra nasce-me/ Fere-me/ Mata-me/ Coisa-me/ Ressuscita-me)".

Carlos Drummond de Andrade
Gênio prosaico*

Deve haver algo de exibicionista e ressentido em esboçar algum dissenso, miúdo que seja, diante do estabelecido. Então, leitor, ligue o desconfiômetro da desqualificação: Carlos Drummond de Andrade foi um dos maiores autores brasileiros do século XX, mas um poeta apenas regulamentar. Olhemos para alguns de seus contemporâneos: Cecília Meireles, Jorge de Lima, Murilo Mendes, Vinicius de Moraes (não o boboca da bossa nova). Todos artesãos muito mais hábeis e donos de uma metafísica mais complexa do que o desconcerto do mundo rebaixado a *short cuts* de fina ironia. E, no entanto, aqueles outros todos estão em andares muito inferiores no Olimpo...

Cecília e seu lusitanismo, Vinicius e sua *ars amandi* remodelada, Jorge de Lima — Murilo Mendes e a Bíblia... Eis aí eixos complexos demais para a instantaneidade moderna. Drummond, não. Fez poesia simples e gerou fortuna crítica para todos os gostos: o brilhante, conservador e universalista José Guilherme Merquior se extasiou com seu anti-regionalismo (afinal, combater o populismo era preciso); Haroldo de Campos saudou sua suposta adesão à plástica concretista de gosto publicitário (afinal, matar o verso linear era preciso); ao socialista Antônio Houaiss agradou a sua "politicidade" (afinal, falar do povo era preciso, mesmo que fossem politicidades... Deus meu!!!); Otto Maria Carpeaux esforçou-se para vê-lo à luz da história (afinal, botar ordem no

---

* Originalmente publicado na revista *Bravo!* nº 42, em março de 2002.

bordel do subjetivismo era preciso). E assim se fizeram uma obra e uma personalidade literárias jamais questionadas. A não ser por Mário Faustino, a estrela solitária.

Uma coincidência talvez ilumine o debate. Em 1953, Drummond publica um livrinho chamado *Fazendeiro do Ar*. No mesmo ano, Cecília lança *Romanceiro da Inconfidência*. Qualquer mané cita: "E como ficou chato ser moderno/ Agora serei eterno". Mas a maioria dos *dotô* das uspes, ufes e puques nunca pôs os olhos no *Romanceiro...*, o que de melhor se fez em versos no Brasil no século XX.

Melhor por quê? Porque (e isso vale para os acertos dos outros citados) usa a linguagem com uma cultivada naturalidade que — alô, grande Bilac! — "esconde os andaimes do edifício". A composição, sem renegar conquistas do Modernismo, tem rigor rítmico, melódico e ecoa a tradição. Lembra-nos a existência de uma cultura como suporte. O como dizer está sempre em relação transitiva, por similaridade ou oposição, com o que dizer. Fala-se de poetas exímios também na construção de imagens, na figuração, na criação de um universo próprio.

As virtudes comumente exaltadas na poesia de Drummond — a língua "ilegal" do povo, o ouvido apto aos coloquialismos — são as do prosaísmo. Elas driblam a poesia e se fixam no tom entre contido, cínico e melancólico dos textos, elevando a achados filosóficos até mesmo rematadas bobagens como a tal "pedra no meio do caminho" ou o "mundo-Raimundo-sem solução". O Drummond do pessimismo politicamente desinformado (*A Rosa do Povo* é uma exceção, por ele próprio malquerida), sem geografia, sem alvo e, portanto, bastante universal (como queria Merquior), protegeu, com sua copa frondosa, um poeta tecnicamente pouco esforçado.

Escritor brilhante, faltou-lhe mais labor (seus sonetos são de enrubescer) para ser o poeta extraordinário de que se fala ou mais dedicação para atingir a prosa superior: o romance. Boa parte do que diz e que tanto nos agrada são fragmentos de uma reflexão que pedem continuidade, cuja especialidade, graça ou importância pouco ou nada têm a ver com o poema que as revela.

No fim das contas, a coisa é mais ou menos assim: poesia dá muito trabalho; romance dá muito trabalho. Entre ambos, há o enorme prosaísmo. Drummond, um gênio, nele se abrigou e foi menor do que poderia. Muitos por aí nele se acoitam por incompetência. Querem parecer maiores do que são.

Mário Faustino
De volta ao eterno*

No dia 22 deste mês de outubro [2002], se vivo fosse, Mário Faustino, nascido em Teresina e criado no Rio, completaria 72 anos. Poderia ainda estar a produzir maravilhas. Outros com essa mesma idade têm maiores e mais graves responsabilidades de curto prazo do que aquelas reservadas a um poeta. Mas talvez tenham menos compromisso com a eternidade. Ocorre que Faustino não está vivo, não! No dia 27 de novembro de 1962, de madrugada, embarcou num Boeing da Varig, no aeroporto do Galeão, no Rio, com destino à Cidade do México. Eram 5h30 da manhã quando o avião espatifou-se no cerro de la Cruz, perto de Lima, no Peru. Os registros daquele dia apontam a morte de oitenta passageiros e dezesseis tripulantes. De Faustino, que se foi aos 32 anos e cujos restos mortais não puderam ser reconhecidos, havia um único livro de poesias, *O Homem e Sua Hora* (Livros de Portugal, 1955), alguns inéditos e poemas traduzidos, que foram depois reunidos pelo crítico e amigo Benedito Nunes. "Bateu-se delicado e fino, com/ Tanta violência, mas tanta ternura!"

Os leitores menos habituados à poesia ou os mais jovens talvez nunca tenham ouvido falar no seu nome. Têm agora mais uma oportunidade, com a publicação, pela Companhia das Letras, de *O Homem e Sua Hora e Outros Poemas*. Depois daquela edição de 1955, hoje raríssima, reeditada em 1966 pela Civilização Brasileira com acréscimo de alguns poemas, a editora Max Limonad publicou, em 1985, *Mário Faus-*

---

* Originalmente publicado na revista *Primeira Leitura* nº 8, em outubro de 2002.

tino: Poesia Completa, Poesia Traduzida. Há longuíssimos dezessete anos, portanto, têm sido escassas as notícias sobre aquele que foi, em muitos sentidos, o mais criativo, inventivo e culto (com perdão de essa palavra parecer pernóstica nestes tempos de proselitismo antiintelectualista) poeta brasileiro da geração pós-1945. Segundo a Companhia das Letras, a nova edição trará ainda alguns poemas inéditos.

Os que eventualmente já conhecem sua obra se espantam — e os que vão conhecê-la agora hão de espantar-se — que se tenha criado em torno de Faustino uma bolha de silêncio, enquanto nulidades que vagam entre o prosaísmo mais vagabundo e a poesia-como-arte-plástica — ou, ainda, de pretensões ideogramáticas — ocupem os cadernos de cultura dos jornais e tomem o tempo dos professores universitários das faculdades de letras, gastando com inutilidades os já parcos recursos públicos.

Jornalistas e mestres fazem crer a seus leitores e alunos que o verso se esgotou com Carlos Drummond de Andrade ou João Cabral de Melo Neto e que tudo o mais ou é a empulhação dos epígonos do Concretismo, ainda valorizado como etapa intermediária entre a civilização e a barbárie, ou é confessionalismo feminil de moças arredias à autoridade paterna ou de rapazes desligados do sentido do épico.

(Leitor, farei em seguida um parêntese sobre a política da poesia. Se quiser entrar já no universo de Faustino, pule o trecho abaixo e continue a leitura a partir do intertítulo "Tradição e Vanguarda".)

O tom em que escrevo é mesmo algo agressivo. Está na hora de, também na cultura, desafinar esse coro da camaradagem e da conciliação que entroniza nulidades influentes, que acabam reconhecidas como gênios porque outros, tão estúpidos quanto elas próprias, sentem-se bem em entender o que dizem. Sustento, em suma, que o silêncio a respeito de Faustino e até mesmo a demora em republicar a sua obra — merecedora de uma cátedra em qualquer faculdade de letras que se prezasse — constituem uma espécie de decisão política.

Já escrevi uma vez na revista *Bravo!*, para escândalo de certa casta universitária, que a poesia brasileira se divide em partidos: à esquerda, um Roberto Schwarz, aquele das idéias fora do lugar, é capaz de pegar um livro como *Elefante*, de Francisco Alvim, e submetê-lo a um trabalho de desconstrução à luz do marxismo. Fragmentos do cotidiano, observações tolas do dia-a-dia, anotações feitas no joelho do descompromisso, dispostos na forma de versos, mereceram do crítico um longuíssimo texto que refaz a trajetória das classes populares do inferno à redenção, publicado parcialmente no *Jornal de Resenhas* e, mais tarde, na íntegra, no suplemento *Mais!*, da *Folha de S.Paulo*. Só lendo!

Para Schwarz, a poesia de Alvim é uma espécie de comentário ou ilustração de uma ideologia redentora. Como os, por assim dizer, versos são por demais anêmicos para sustentar a dialética marxista-schwarziana, o professor não tem receio de recorrer a perífrases para preencher os claros do original. O fantasma ainda é o da arte engajada, em que o poeta entra com o fato revolucionário — como se a poesia tivesse força instrumental para mudar o mundo —, e o crítico, com a exegese. Pfui...

No centro, fica a turma da verborragia oca, que só quer ser feliz e se livrar das amarras, dos convencionalismos, dos formalismos. Sua realização plena é a poesia como confissão, o texto como diário, a banalidade dita com solenidade fingidamente distraída, como se fosse fácil ser simples. Todos leram *A Teus Pés*, de Ana Cristina Cesar, e nunca mais se levantaram da genuflexão. Nesse caso, poesia nada mais é do que citação marcada pelo testemunho. Algo como: "O que aconteceu comigo depois que li, sei lá, Elizabeth Bishop". E tome sub-bishopices a pretexto de fazer texto literariamente informado.

E, julgando-se à esquerda, mas bem à direita, ainda resiste a turma do tatibitate (por favor, vejam no dicionário o sentido dessa palavra para saber quão precisa é sua escolha neste texto), que pretende emprestar a aliterações sofríveis, a trocadilhos ginasianos, a desenhos imprestáveis, a gravidade humana de hesitações verdadeiramente hamletianas.

Entre eles, pode-se ouvir: "Viu o último Arnaldo Antunes?". É a turma que usa livros para ver, quando não os "pendura" na parede. Junto com os criadores de instalações do Partido das Artes Plásticas, vivem em busca de um novo suporte. Dos três Partidos da Poesia, esse é o mais visível. Seu "trabalho" (como eles chamam aquilo...) carrega certa aura de complexidade, e eles sempre têm um "olhar" (adoram substantivar verbos) benevolente para aqueles que não entendem "a proposta".

Como considero truque sujo chamar algo de "incompreensível" — porque pretendo ser pouco complacente com a minha própria ignorância —, sempre que posso, convido-os a dissertar sobre a tal "proposta". Declinam do convite. Acostumados à imagem que se impõe pelo silêncio, consideram que o mundo se divide entre os que já entenderam e os que nunca vão entender. Haroldo de Campos, Augusto de Campos e Décio Pignatari são, por assim dizer, a tríade, os três coronéis desse sertão mental ainda poderoso. A exemplo do coronelismo político ressuscitado pelo PT, o Concretismo resiste cada vez mais nos grotões das mentalidades, mas ainda tem lá o seu poder. Faustino sobreviveu à arte como capítulo do engajamento redentor, ao prosaísmo distraído de gente preguiçosa o bastante para estudar o verso e ao coronelismo concretista. Importante tentar entender por quê.

Tradição e vanguarda

O jovem Mário Faustino incomodava já as vanguardas suas contemporâneas — e, depois, morto, sua obra como testemunho de sua genialidade continuou a perturbar, daí que tenha sido banida — porque ele mesmo nunca reivindicou para si tal estatuto. E incomodava não porque as rejeitasse, mas porque era capaz de compreender o código que elas compreendiam e ter um talento que jamais tiveram.

Foi o responsável, entre 1956 e 1959, pela página *Poesia-Experiência*, do *Jornal do Brasil*, cujo lema era "Repetir para aprender, criar para renovar" (não deixa de ser miserável que o Brasil viva, até na política, quarenta anos depois, tempos que fazem a apologia do improviso). Ali publicou tanto jovens poetas — alguns de vanguarda, sim, a exemplo dos concretistas — como nomes já consagrados da literatura. Numa única página podiam-se encontrar o então iniciante José Lino Grunewald, um experimentalista como Antonin Artaud e ninguém menos que Sá de Miranda.

Sá de Miranda, poeta português, nasceu pelo menos três décadas antes de Camões na mesma Coimbra, em fins do século XV. Foi um dos mestres do criador de *Os Lusíadas* e o verdadeiro introdutor das formas italianas de verso em Portugal, como o soneto. Na história, sua bela obra foi esmagada pelo gigante que o sucedeu. Ao recuperá-la, Faustino buscava o diálogo com a tradição, o que as vanguardas — qualquer vanguarda tem sempre um lado boçal e obscurantista — nunca souberam fazer. Repetir para aprender. Criar para renovar. Como Sá de Miranda fez com Petrarca. Como Camões fez com Petrarca e Sá de Miranda.

Poesia-Experiência foi a página literária de maior prestígio de seu tempo, e Faustino a conduzia sem poupar reputações. Paulo Francis — outro que não tinha medo de fazer inimigos e de não influenciar pessoas, que está a fazer falta — contou a história de um poetastro que foi buscar a intercessão da condessa Pereira Carneiro, dona do jornal, para que ela impedisse Faustino de criticar um livro seu que ainda seria lançado. Delicada, mas firme, a altiva senhora teve espírito para perguntar como o autor sabia de antemão que Faustino não gostaria do livro se ele ainda nem o havia publicado.

O tal poetastro certamente sabia o que o aguardava, e o melhor testemunho das exigências do crítico era o que já estava escrito em *O Homem e Sua Hora*. Impressiona que um jovem de 25 anos tenha, como diria o poeta latino Horácio, criado um monumento mais perene do que o bronze, evidenciando a um só tempo tal riqueza de conceitos, tal virtuosismo melódico e complexidade técnica e tal variedade de imagens.

Entrelaçados os três procedimentos, o conceito, o rigor formal (ainda que variado) e as imagens — categorias que o poeta americano Ezra Pound chamava, respectivamente, logopéia, melopéia e fanopéia —, fica evidente, como afirmou Benedito Nunes, que Faustino desenvolveu uma "poética que aceita a tríade de Pound". Ezra Pound foi, indubitavelmente, um daqueles que ele tentou repetir para aprender e que inspiraram a sua vertiginosa criação de novidades. Caso se quisesse aqui voltar a comprar mais algumas boas confusões, seria de lembrar que, bem antes de *Os Cantos* de Pound se tornarem uma espécie de livro sagrado com que os fariseus do Concretismo buscavam justificar a morte do verso, Faustino já os havia devorado para "aprender" e, então, poder "criar para renovar". Deu-nos poesia, não um discurso ideológico sobre o verso.

"Ego de Mona Kateudo"

Faustino explorou como poucos — certamente atingindo resultado único — a chamada intertextualidade, que, numa definição rápida para tema tão abrangente, poderia se contentar com, vá lá, o mínimo de palavras com o máximo de significação, de maneira que o verbo informe, mas também evoque, designe e seja capaz de suscitar inferências. Reparem, a propósito da intertextualidade e das categorias poundianas, o poema "Ego de Mona Kateudo", que segue adiante (sirva o texto de caso exemplar para que apenas se comece a entender Faustino, que é o propósito deste texto; impossível ser suficiente nesse caso). Vamos ao poema, que integra o grupo "Sete Sonetos de Amor e Morte":

Dor, dor de minha alma, é madrugada
E aportam-me lembranças de quem amo.
E dobram sonhos na mal-estrelada
Memória arfante donde alguém que chamo
Para outros braços cardiais me nega

Restos de rosa entre lençóis de olvido.
Ao longe ladra um coração na cega
Noite ambulante. E escuto-te o mugido,
Oh vento que meu cérebro aleitaste,
Tempo que meu destino ruminaste.
Amor, amo, enquanto luzes, puro,
Dormido e claro, eu velo em vasto escuro,
Ouvindo as asas roucas de outro dia
Cantar sem despertar minha alegria.

O título, que Faustino escreve em grego no manuscrito, é uma citação de um verso de Safo de Lesbos, uma de suas referências constantes: "Déduke mèn a selánna/ kái Pléiades; mésai dè/ núktes, parà d' erchet' óra,/ égo dè móna katéudo" ("A lua já se pôs, as Plêiades também;/ É meia-noite;/ A hora passa, e estou deitada, sozinha"). A solidão expressa no verso sáfico, que nomina o poema, será então desenvolvida no soneto, cujo título em português seria, na tradução escolhida, "E Estou Deitada, Sozinha". As palavras que pontuam o poema informam a condição do "eu" cuja dor não pode ser percebida por ninguém: madrugada, lembranças, memória, vento, tempo, escuro. Por mais confessional e passional que se mostre o poema, mantém intacto o eixo de significados. Não pode haver bom poema com seleção ruim de palavras.

Nesse, como em outros poemas, ninguém como Faustino usou tão belamente o *enjambement*, aquele recurso em que o sentido de um verso, traduzido mesmo por sua complementação sintática, se realiza no verso seguinte: "E dobram sonhos na mal-estrelada/ Memória arfante donde alguém que chamo". No papel, as rimas estão dispostas ao fim de cada verso, num entrelaçamento que tem história na literatura, mas convencional de qualquer modo. Se o poema for declamado segundo a demanda da sintaxe e do sentido, o que é rima final assume a característica de rimas internas, que, por sua vez, vão se compondo com rimas e assonâncias internas a cada verso, num ritmo vertiginoso: minha **al**ma/ madru**ga**da; apor**tam**-me/ lem**bran**ças; do**bram**/ ar**fan**te/**cha**mo.

O ritmo que Faustino impõe a seus versos vai constituindo, por assim dizer, uma espécie de base harmônica sobre a qual ele superpõe uma melodia do estranhamento, que se dá já no terreno das imagens: outros podem ter feito sonetos tão técnicos quanto ele; outros podem ter sido tão rigorosos na escolha do eixo vocabular quanto ele, mas ninguém soube ser tão original na elaboração das figuras, na composição de metáforas de tal sorte únicas, que sua poesia corresponde mesmo a uma verdadeira reeducação da percepção. Vejamos: "aportam-me lembranças"; "mal-estrelada memória arfante"; "braços cardiais"; "noite ambulante"; "vento que (...) aleitaste"; "tempo que (...) ruminaste"; "ouvindo as asas roucas". Curiosamente, a metaforização que reeduca o ouvido, que instaura um novo sentido para as palavras, também as devolve a seu sentido original. Em Faustino, o extremo da subjetividade encontra a plena objetividade.

Lírico, não banal

Caso se faça um inventário dos temas e das preocupações constantes de Faustino, fica difícil fugir à categorização de Benedito Nunes no pequeno e excelente ensaio que abre a edição de 1966: "amor e morte, sexo, carne e espírito, vida agônica, salvação e perdição, pureza e impureza, Deus e o homem, tempo e eternidade". Leitor de várias línguas, o que incluía o latim e o grego clássicos, e tradutor dos mais promissores, sua voracidade intelectual reunia, como fez no poema "O Homem e Sua Hora", emblemas e símbolos do cristianismo e do paganismo, fundindo a vocação dionisíaca que hauria deste à culpa e ao remorso que experimentava daquele. Por isso, acrescentaria à lista de Nunes a palavra "perdão", o mais alto vocábulo da hierarquia de valores cristãos. Os opostos parecem sempre prontos a se reconhecer e a se fundir. Leia-se, a propósito, o soneto "Estava lá Aquiles, que Abraçava":

Estava lá Aquiles, que abraçava
Enfim Heitor, secreto personagem
Do sonho que na tenda o torturava;
Estava lá Saul, tendo por pajem
Davi, que ao som da cítara cantava;
E estavam lá seteiros que pensavam
Sebastião e as chagas que o mataram.
Nesse jardim, quantos as mãos deixavam
Levar aos lábios que os atraiçoaram!
Era a cidade exata, aberta, clara:
Estava lá o arcanjo incendiado
Sentado aos pés de quem desafiara;
E estava lá um deus crucificado
Beijando uma vez mais o enforcado.

Se, da lista de Nunes, tivéssemos de escolher dois temas preponderantes em sua curta mas intensa obra, o sexo e a morte mereceram, sem dúvida, maior número de referências. Com esta teve uma relação que ia da investigação intelectual ao fatalismo místico, passando pelo anedótico, com conclusão trágica. Consta que, em Nova York, insistentes ligações para a casa de um amigo caíam por engano no número da casa de uma astróloga, que teria previsto uma tragédia nos anos vindouros. Faustino contou o fato a amigos em tom de pilhéria. Tentou adiar a viagem que teria de fazer, já de volta ao *Jornal do Brasil* como editorialista. Não conseguiu. "(...) Os derradeiros astros nascem tortos/ E o tempo na verdade tem domínio/ Sobre o morto que enterra os próprios mortos/ O tempo na verdade tem domínio./ Amém, amém vos digo, tem domínio/

E ri do que desfere verbos, dardos/ De falso eterno que retornam para/ Assassinar-nos num mês assassino".

O sexo, igualmente, ocupa lugar central em sua lírica. Faustino não apenas cultuava o amor que, no seu caso, ousava dizer seu nome como o prodigalizava em praticamente todos os poemas em que a tentação erótica é vivida como imposição da matéria, como caminho da transcendência, mas também como queda e perdição romântica, como em "Balatetta".

Por não ter esperança de beijá-lo
Eu mesmo, ou de abraçá-lo,
Ou contar-lhe do amor que me corrói
O coração vassalo,
Vai tu, poema, ao meu
Amado, vai ao seu
Quarto dizer-lhe quanto, quanto dói
Amar sem ser amado,
Amar calado.

Beijai-o vós, felizes
Palavras que levíssimas envio
Rumo aos quentes países
De seu corpo dormente, rumo ao frio
Vale onde vaga a alma
Liberta que na calma
Da noite vai sonhando, indiferente
À fonte que, de ardente,
Gera em meu rosto um rio
Resplandecente.

No sonolento ramo

Pousai, palavras minhas, e cantai
Repetindo: eu te amo.
Ele, que dorme, e vai
De reino em reino cavalgando sua
Beleza sob a lua,
Encontrará na voz de vosso canto
Motivo de acalanto;
E dormirá mais longe ainda, enquanto
Eu, carregando só, por esta rua
Difícil, meu pesado
Coração recusado,
Verei, nesse seu sono renovado,
Razão de desencanto
E de mais pranto.

Entretanto cantai, palavras: quem
Vos disse que chorásseis, vós também?

Celebração e derrota, tentação dionisíaca e pessimismo filosófico, vontade de ordenar a criatura e egoísmo radical são exemplos de uma poesia que se move entre extremos, cuja expressão perfeita está no poema "Carpe Diem" (aproveite o dia), irônico já desde o título. Nos três primeiros versos, o poeta indaga: "Que faço deste dia, que me adora?/ Pegá-lo pela cauda, antes da hora/ Vermelha de furtar-se ao meu festim?". E nos dois últimos conclui: "Já nele a luz da lua — a morte — mora,/ De traição foi feito: vai-se embora".

Aspirações épicas

O poema que dá título ao único livro que Faustino escreveu em vida, *O Homem e Sua Hora*, pode, sem dúvida, ser lido como fragmento de um poema épico. Feita tal leitura, a propósito, todos os textos do autor parecem apelar para a busca de uma dimensão da existência humana que a lírica, por si mesma, não comporta.

Morto aos 32 anos e tendo deixado o que deixou, é justo supor que Faustino teria ousadia o bastante para se aventurar pelos caminhos do épico. Quando Eliot, um dos poetas da primeira infância intelectual de Faustino, pensa Virgílio como autor completo, supõe não apenas aquele que traduziu o sumo de uma civilização triunfante, mas também aquele que pôde narrar a sua essência, digamos, metafísica numa grande e poderosa narrativa em versos, *Eneida*.

É quase truísmo afirmar que a civilização contemporânea não suporta o poema épico porque, para usar expressão de Faustino, talvez lhe falte o "cálice que una" tamanha desordem filosófica. O gênero também supõe, em que pesem tanta desdita e desgraça, um sentido de triunfo. Faustino, em "O Homem e Sua Hora", ensaia uma ousada história da civilização que funde símbolos de várias mitologias, mas que tem como pilares a mitologia grega (Delfos) e o cristianismo (João). O poema se realiza em estações, em mininarrativas. Mas oh desdita: Faustino ainda não encontrara o sentido do triunfo.

Os heróis antigos que desfilam em *O Homem e Sua Hora* vão se esfarelando no choque com o tempo. Uma espécie de melancolia cósmica percorre o texto, e o fatalismo cristão se impõe sobre a vontade augusta: "Uma cruz, um talento de ouro, um preço,/ Um prêmio, uma sanção... Desaba a noite,/ A noite tomba, Iésus, e no céu/ Da tarde, onde os revôos de mil pombas/ Soltas pelo desejo de teu reino?/ Todo este caos, Homem, para dizer-te/ Não seres deus nem rei nem sol nem sino/ Dos animais, das pedras — ou dizer-te/ Ser débil cana o cetro que não podes/ Quebrar, ser de ervas más o diadema/ Que não podes cortar com teus cabelos! (...)".

Se Mário Faustino tivesse sobrevivido ao "mês que o assassinou", outros certamente teriam sido os destinos da poesia brasileira. Era também um crítico de primeira qualidade, ofício que exerceu com brilho em *Poesia-Experiência*. Tinha um sentido claro de militância cultural, mas tendo a literatura como centro, não o proselitismo ideológico, que considerava uma das madrastas más do talento. Entre outras impertinências, cobrou do já santificado Carlos Drummond de Andrade que participasse do debate cultural. Traduziu de várias línguas, tinha como referências alguns dos autores que se tornaram oráculos do coronelismo concretista que tomou a produção poética de um só golpe.

Lembra Benedito Nunes no já referido ensaio: "Por volta de 1959, após haver repensado Mallarmé e Pound, Jorge de Lima e os concretistas, Mário Faustino escrevia: 'A cibernética, graças aos deuses, nunca poderá produzir poesia: a área multifária de cada palavra é incomensurável; célula de N átomos, incalculável, imponderável, indirigível. A poesia será sempre mágica, metafísica, jamais uma ciência exata, pura ou aplicada. Isto eu já sei, profundamente. Um saber para toda a existência, irretificável, confundindo-se com a própria existência, agindo sobre ela e modificando-a à sua imagem'".

Dizer o que mais? Entenderam por que os coronéis da poesia, a turma do tatibitate e aqueles que vivem aos pés da mediocridade tentaram esconder Mário Faustino? Mas ele ressurge, gigante diante de nossos olhos, resistindo "à pulhice dominante à nossa volta", para lembrar Francis outra vez.

Graciliano Ramos
Da piedade intransitiva*

Há 50 anos, precisamente no dia 20 de março de 1953, morria Graciliano Ramos, o mais competente e conseqüente prosador do Modernismo brasileiro a juízo deste escriba — com a licença que sempre peço nessas horas àqueles que gozam da sorte de terem tido uma revelação e encontrado a terceira margem do rio ou que adivinharam todas as charadas vocabulares propostas por Guimarães Rosa. São tantos os meus amigos que o têm na conta do maior e do melhor, que já tenho desvendados quase todos os enigmas, mesmo aqueles que não chegaram a despertar minha curiosidade.

Confesso que meu interesse por Rosa foi-se desfazendo à medida que me inteirava dos rituais iniciáticos de seus muitos círculos de admiradores. E as águas não me ficaram menos turvas quanto mais remava com braços e boa vontade. Nem se tratava tanto de fastio com os seus mistérios, mas sim com aqueles propostos pelos crentes. O leitor que há em mim não transige com períodos truncados, com metáforas que começam a sair do controle, com o deslumbramento retórico que tenta demonstrar o que há de supostamente profundo no rústico e no banal. Reverencio, isso sim, as figurações que brotam da matéria precária da vida, não do xadrez dos conceitos. Exijo, por exemplo, que as vozes do silêncio que formam o coro das contrariedades do angustiado tenham base material. Por que não uma gravata em vez da metafísica — essa moça literária faceira que se oferece a qualquer um?

---

* Originalmente publicado na revista *Primeira Leitura* nº 13, em março de 2003.

"Um silêncio grande envolve o mundo. Contudo, a voz que me aflige continua a mergulhar-me nos ouvidos, a apertar-me o pescoço. Estremeço. Como é possível semelhante coisa? Como é possível uma voz apertar o pescoço de alguém? Rio, tento libertar-me da loucura que me puxa para uma nova queda, explico a mim mesmo que o que me aperta o pescoço não é uma voz, é uma gravata. A voz diz apenas: — 'Sim ou não?' Hem? Que vou responder?" ("Insônia", in *Insônia*)

Tenho particular apreço pelo texto que não abandona jamais a trilha da inteligência, de uma terceira margem onde se instala o narrador para ver e, sempre que possível, falsear o que está sendo narrado.

"O pensamento se obliterou; supondo que delirei, uni a minha voz às divagações estertorosas dos prisioneiros. As sensações amorteceram — e na aspereza de tábuas ficou um feixe de fibras secas. A língua dura, língua de papagaio, não mais se agitou, procurando umidade, os dentes deixaram de catar películas nos beiços ardentes (...) Suscetibilidades, retalhos de moral, delicadezas, pudores, se diluíam; esfrangalhava-se a educação: impossível manter-se ali." (*Memórias do Cárcere*)

Se estou aqui a dizer que Rosa não é Deus, quem sou eu para aspirar a alguma unanimidade? Os meus muitos detratores já me perguntaram, em outras circunstâncias, por que precisei dar um pau nos concretistas para exaltar Mário Faustino. Ou relativizar Carlos Drummond de Andrade para pôr Cecília Meireles no que considero seu devido lugar. Poderão agora voltar à carga: "Ora, fale as suas bobagens sobre Graciliano e deixe Guimarães Rosa em paz, para ser 'entendido' por aqueles que já se iniciaram nos seus mistérios". Talvez haja algo de quase político neste discurso.

Se o xadrez rosiano e o que chamaria seu pentecostalismo literário se tornaram um valor, como ler a prosa clássica, organizada e sintaticamente rotineira de Graciliano sem que ela pareça algo aborrecida e por demais convencional? Como adentrar em seu templo com paredes nuas de milagres? Reparem: ao apontar isso que chamo de prosa clássica, com valoração positiva, por oposição ao xadrez rosiano, a que empresto carga negativa, informo, escolho e julgo. Não existe um Graciliano, ou qualquer outro autor, livre de relações e de escolhas de leitura. Por isso, comparo, escolho, excluo e me submeto à fúria dos apaixonados.

E, já que iniciei a trilha de certa provocação, por que não avançar ainda um pouco, expondo-me mais? Nem estou tão certo de que goste tão pouco de Rosa, mas sei que os critérios que o fazem a estrela solitária da prosa brasileira são os mesmos que subestimam Graciliano, o objeto da minha pendenga. Parodiando uma escritora francesa, a humanidade precária e sem ambição das personagens criadas por Graciliano me bastam. Nessa humanidade traduzida em contos, romances, cartas, encontro tudo, até o divino. E esse divino está na extraordinária e rara capacidade que o autor alagoano tinha de encontrar, no vulgar e no corriqueiro, o demasiadamente humano. Sua obra é tão datada e local como qualquer grande literatura universal. Por meio dela, lêem-se uma época e um lugar em todos os seus relevos, mas sempre há o apelo à transcendência, além dos limites da história e da geografia.

Eu me atreveria mesmo a dizer que há uma palpitação de fundo religioso — de um misticismo muito particular — na obra do comunista Graciliano: uma religião sem Deus, que não busca nem adornar o mundo com mistérios novos nem traduzir signos ancestrais, mas revelar uma réstia de dignidade humana e resistência por mais degradante que se mostre a vida, seja na caatinga, num quarto de pensão ou no casarão de uma fazenda. A piedade de Graciliano pelo homem é inclemente.

As quatro páginas em que Graciliano narra a morte da cadela Baleia, em *Vidas Secas*, depois de Fabiano lhe ter acertado um tiro nos quartos traseiros, são as mais devastadoras da moderna prosa brasileira. A seqüência, sei, é das mais citadas, só não sei se por bons motivos. É fascinante a alternância do fluxo de consciência do animal ferido com as intervenções do narrador, a que corresponde a fuga do bicho em meio à geografia doméstica, primeiro hostil, depois já nostálgica, de quem vai se despedindo da vida.

Em tal seqüência, como em quase toda a obra do autor — mesmo naquela de vocação proto-existencialista (traduziu *A Peste*, de Camus, em 1950) —, não há um só adjetivo abstrato, não há uma única e miserável metáfora que não seja quente de sol (ele certamente detestaria esse arrebatamento...), pulsante de sangue, aguda de espinhos, dura de pedra. Tudo, tudo mesmo, nasce da matéria precária da vida. Ainda hoje, depois de ter lido o trecho muitas vezes, fico muito emocionado. Não é pena de Baleia, de Fabiano, de Sinhá Vitória, dos meninos. Sinto-me, como diria um dos doutores da Igreja, "entristecido do Bem divino". Como lê-lo sem que nos sintamos inclinados a refundar a vida em novas bases, embora cientes de todos os limites que nos fazem mesquinhos?

"A carga alcançou os quartos traseiros e inutilizou uma perna de Baleia (...) E, perdendo muito sangue, andou como gente, em dois pés, arrastando com dificuldade a parte posterior do corpo (...). Uma sede horrível queimava-lhe a garganta. Procurou ver as pernas e não as distinguiu: um nevoeiro impedia-lhe a visão. Pôs-se a latir e desejou morder Fabiano (...). Sentiu o cheiro bom dos preás que desciam do morro, mas o cheiro vinha fraco, e havia nele partículas de outros viventes (...). Uma angústia apertou-lhe o pequeno coração. Precisava vigiar as cabras: àquela altura, cheiros de suçuaranas deviam andar pelas ribanceiras, rondar as moitas afastadas (...). A tremura subia, deixava a barriga e chegava ao peito de Baleia (...). A pedra estava fria. Certamente Sinhá Vitória tinha deixado o fogo apagar-se muito cedo. Baleia queria dormir. Acordaria feliz, num mundo cheio de preás (...) gordos, enormes." (*Vidas Secas*)

O anti-retórico

Já se falou e se escreveu à farta sobre a retórica ou, para ser preciso, a vocação anti-retórica de Graciliano Ramos. *Vidas Secas*, nesse caso, é o exemplo que grita. O motivo do livro não seria estranho ao mais escancarado proselitismo político — afinal, Graciliano era um intelectual de esquerda e foi preso durante o Estado Novo por causa de sua militância política. Mas não! Em vez disso, o romance é exemplar, e isso também é dado como fato corriqueiro pela crítica especializada, de uma linguagem enxuta, que tira da economia de recursos, do procedimento de dizer o máximo com o mínimo de palavras, as suas melhores virtudes.

Não sei, mas infiro que, no caso de Graciliano, um traço de caráter, que certamente deveria ser investigado pelo universo da psicologia, é base determinante de um estilo. Não há — e aqui divirjo um tanto de gente muito boa que escreveu sobre o autor — um Graciliano regionalista em contraste com um Graciliano urbano. Parece que certo horror à demagogia, ao excessivo, ao maneirista, ao confessional se revela de maneira peremptória tanto no autor de *Caetés* e *Vidas Secas* quanto no autor de *Infância* ou *Angústia*.

Se Graciliano fugiu do proselitismo fácil em seu mais conhecido romance sobre a vida sertaneja, não fez diferente em *Memórias do Cárcere*, o livro redigido na prisão, para onde fora mandado pela polícia política do Estado Novo. O prisioneiro não demonstra a menor sombra de piedade pelos companheiros de infortúnio. Do mesmo modo como Sinhá Vitória e Fabiano, de *Vidas Secas*, alternam humanidade e brutalidade naquela espécie de prisão que é a caatinga, os detentos de *Memórias do Cárcere* também se movem entre mesquinharias, esperanças vãs e sonhos patéticos de redenção.

O prisioneiro-narrador, é curioso, exacerba a sua individualidade e se acrisola no isolamento quanto mais tentam fazê-lo "parte" ou de uma causa ou mesmo da humanidade que seja. Segundo critérios estritamente políticos, de certa herança dogmática de esquerda, pode-se dizer que Graciliano, na cadeia, é o anti-herói dos escrúpulos pequeno-burgueses, preocupado em perscrutar as suas reações singulares. Penso na trilogia *Os Caminhos da Liberdade*, de Jean-Paul Sartre. Graciliano é o Mathieu Delorme — e sua liberdade sem ideologia — diante de um mundo que gira ou na gratuidade do acaso advogada pela personagem Daniel ou na solução de compromisso com o outro, que enseja sacrifício e renúncia, conforme a defende Brunet. Repare-se no diálogo do autor com um prisioneiro que acabara de ser torturado, depois de Graciliano ter inferido que ele deveria sentir muito ódio. Ao que pergunta o torturado:

"— Ódio? A quem?

— Aos indivíduos que o supliciaram, já se vê.

— Mas são instrumentos, sussurrou a criatura singular.

— Aos que os dirigem. Aos responsáveis por isso.

— Não há responsáveis, todos são instrumentos.

Na verdade ele tinha razão. Contudo, se me houvessem atormentado, não me livraria da cólera, pediria todas as desgraças para os meus carrascos.

— Se lhe aparecesse meio de vingar-se, não se vingaria?

— Que lembrança!

Guardei silêncio um instante, depois tornei:

— Sou um bárbaro, Sérgio, vim das brenhas. Você é civilizado, civilizado até demais. Diga-me cá. Admitamos que o fascismo fosse pelos ares, rebentasse aí uma revolução dos diabos e nos convidassem para julgar sujeitos que nos tivessem flagelado ou mandado flagelar. Você estaria nesse júri? Teria serenidade para decidir?

— Por que não? Que tem a justiça com os meus casos particulares?

— Eu me daria por suspeito. Não esqueceria os açoites e a deformação dos pés. Se de nenhum modo pudesse esquivar-me, nem estudaria o processo: votaria talvez pela absolvição, com receio de não ser imparcial.

O russo não agasalhava tais escrúpulos: absolveria ou condenaria, insensível, examinando os autos.

— Se você acaso chegasse ao poder, conservaria os seus inimigos nos cargos, Sérgio?

— Não tenho inimigos. Conservaria os que se revelassem úteis.

— Bem. Essa impassibilidade me assusta. Apesar de sermos antípodas, fizemos boa camaradagem. Mas suponho que você não hesitaria em mandar-me para a forca se considerasse isto indispensável.

— Efectivamente, respondeu Sérgio carregando com força no c. Boa noite. Vou dormir.

Estendeu-se na cama agreste, enfileirada com a minha junto ao muro, cruzou as mãos no peito. Ao cabo de um minuto ressonava leve, a boca descerrada a exibir os longos dentes irregulares. Nunca vi ninguém adormecer daquele jeito. Conversava abundante, sem cochilos nem bocejos; decidia repousar e entrava no sono imediatamente." (*Memórias do Cárcere*)

Sérgio era um comunista russo, "com doutorado em Leipzig, íntimo de Einstein e Hegel", que dividia a cela com o "sertanejo" Graciliano, como ele mesmo se classifica. Impossível não ler no trecho acima o confronto entre a alta voltagem existencial e cheia de dúvidas do homem frágil que somos todos nós e a vontade férrea e sem subjetividades do militante. Vive-se o triunfo glorioso de Stálin na URSS, o guia genial dos povos, também morto em 1953, aquele que era tido como o único obstáculo possível à expansão do fascismo. E quantos crimes essa convicção justificou!

Como não se lembrar, ao ler o trecho citado, de *As Mãos Sujas*, de Sartre, a peça em que os fins, a justificar e a abonar os meios, flagram o homem numa espécie de grau zero de qualquer ética pessoal? Graciliano, vê-se — esquerdista, sim (foi preso em 1936, mas só se filiou ao Partido Comunista em 1945) —, não consegue renunciar à sua brutal humanidade, como um fogo a consumi-lo. À diferença do russo Sérgio — e o que seria normal num esquerdista convicto —, sua relação com o mundo não se dá com a adesão a esferas de influências, a idéias gerais, a uma ideologia.

O engajamento

Já que falei de Sartre aqui, cumpre lembrar que Graciliano viveu, *avant la lettre*, a literatura segundo os termos que Sartre viria a definir depois como "engajamento" no artigo "Que É a Literatura", publicado em 1948, e debatido com a fúria de que ele era capaz na revista *Les Temps Modernes*. Aqui cumpre lembrar a particular noção de "engajamento" de Sartre numa França pós-nazista, onde, sem dúvida, o Partido Comunista exerceu papel heróico na resistência, cedendo à causa alguns de seus melhores quadros, o que lhe dava extraordinária força moral entre intelectuais.

O engajamento sartriano supõe uma literatura vivamente interessada nos problemas contemporâneos, mas jamais subordinada a uma ideologia, a uma causa finalista ou redentora. Os grandes embates da França pós-guerra, no terreno intelectual, diga-se, se deram justamente entre Sartre (e essa sua insubordinação como exercício da liberdade) e os intelectuais comunistas. Quando tinha tudo para vergar a cerviz à mitologia do marxismo-leninismo inventada por Stálin, Sartre resistiu. Quando ceder à pressão já não fazia nenhum sentido, Sartre fez proselitismo soviético. Vá lá, já andava com suas querelas com os estruturalistas. A adesão tardia ao comunismo foi, mais uma vez, a escolha do caminho mais difícil. Mas deixemos o francês "com cara de terreno baldio" (segundo ele mesmo) de lado para voltar a Graciliano.

O engajamento social de sua obra se revela é na insubordinação. Em nenhum momento o autor esbarra em facilidades, em simplificações, em mistificações. Diria mesmo que sua obstinada vocação anti-retórica, sua relação com a língua baseada em rigor extremo, em labor profundo, em reescritura contínua, não tinha como se submeter à mística subjacente a toda literatura militante. Cumpre notar à margem que, quando prefeito de Palmeira dos Índios, Graciliano foi um antidemagogo até na contabilidade. Seu relatório sobre as contas públicas, que fez história ao cair nas mãos de Augusto Frederico Schmidt, que viu ali um grande escritor, é uma espécie de esboço da Lei de Responsabilidade Fiscal.

Pouco antes de Graciliano estranhar as férreas convicções de Sérgio, seu companheiro de cela, há uma situação curiosa. O escritor flagra o outro a ler um romance seu. Surpreende-se com a rapidez com que o russo vira a página. O narrador de *Memórias do Cárcere* duvida que um estrangeiro, pouco afeito ao português, lesse tão depressa. Sérgio entrega-lhe a brochura e diz: "*Vamos ver se me lembro. Não digo as palavras, mas acho que posso mencionar as idéias, como estão colocadas*".

"[Sérgio] Afirmava não ser difícil percorrermos um texto, aprendendo a essência e largando o pormenor. Isso me desagradava. São as minúcias que me prendem, fixo-me nelas, utilizo insignificâncias na demorada construção das minhas histórias. Aquele entendimento rápido, afeito a saltos vertiginosos e complicadas viagens, contrastava com as minhas pequenas habilidades que pezunhavam longas horas na redação de um período. Julguei Sérgio ausente de emoção, e isso me aterrou. Comovo-me em excesso, por natureza e por ofício, acho medonho alguém viver sem paixões (...)." (*Memórias do Cárcere*)

O trecho acima constitui um quase-testamento literário e artístico. Ali fica clara a obsessão de Graciliano pela forma — lendária até por certos chiliques que lhe provocavam a retórica oca ou um período mal escrito. Vê-se um tumulto de emoções represado e domado pelo desejo de clareza e apreço pela minúcia. Em sua vasta obra, não se encontram as metáforas fora de controle, não se vê jamais um encadeamento de figuras a compor uma cascata alegórica. Repare-se no trecho de uma entrevista concedida pelo autor em 1948:

"Deve-se escrever da mesma maneira como as lavadeiras lá de Alagoas fazem seu ofício. Elas começam com uma primeira lavada, molham a roupa suja na beira da lagoa ou do riacho, torcem o pano, molham-no novamente, voltam a torcer. Colocam o anil, ensaboam e torcem uma, duas vezes. Depois enxáguam, dão mais uma molhada, agora jogando a água com a mão. Batem o pano na laje ou na pedra limpa, e dão mais uma torcida e mais outra, torcem até não pingar do pano uma só gota. Somente depois de feito tudo isso é que elas dependuram a roupa lavada na corda ou no varal, para secar. Pois quem se mete a escrever devia fazer a mesma coisa. A palavra não foi feita para enfeitar, brilhar como ouro falso; a palavra foi feita para dizer."

Em cartas de amor escritas a Heloísa Medeiros, com quem se casou em segundas núpcias, em fins de 1927 e início de 1928, escreve o homem que se "comove em excesso":

"Por que me quiseste? Deram-te conselhos? Por que apareceste mudada em 24 horas? (...) É necessário que isto acabe logo. Tenho raiva de ti, meu amor." Ou, ainda, em outra: "Sou leviano, inconstante, irascível e preguiçoso. Também creio que minto (...). Examinando o decálogo, vejo com desgosto que, das Leis de Moisés, apenas tenho respeitado uma ou duas. Nunca matei nem caluniei. E, ainda assim, não posso afirmar que não haja, indiretamente, contribuído para a morte de meu semelhante. Furtar propriamente não furto, mas todos os meus livros do tempo de colegial foram comprados com dinheiro surrupiado a meu pai. Sou ingrato e injusto, grosseiro e insensível à dor alheia, um acervo de ruindades. Poderia também acrescentar que sou estúpido, mas isso é virtude. O defeito, porém, que mais me apoquenta agora é a pobreza. Como te declarei aqui, sou paupérrimo. Não duvides. Encontro-me numa situação deplorável." (*Cartas*)

Como não destacar o escritor a fazer literatura mesmo quando fala à amada e seu implacável humor e auto-ironia? Quando confessa ter caído em praticamente todas as tentações contra as quais alertam os

Dez Mandamentos, de certo modo, repete aquele procedimento de que falei ao me referir a um trecho de "Insônia": lá, a angústia que lhe aperta a garganta, na verdade, é uma gravata; aqui, depois de todos os crivos morais do decálogo, o defeito que, de fato, incomoda é a pobreza... Ainda que Graciliano quisesse abandonar a matéria, é como se a matéria não o abandonasse.

Errado, mas digno de amor

Lembro-me neste ponto de um dos textos de combate de Sartre (de novo ele...), "O Existencialismo É um Humanismo", quando responde a vários de seus críticos, entre eles os católicos, que o acusam, segundo a blague que faz, de "não se comover nem com o sorriso de uma criança". Graciliano, no auto-retrato que fez, diz gostar de crianças, é fato, mas sua literatura é pouco "comovida". Ele também diz detestar a burguesia, mas sua literatura não é ativamente antiburguesa. Se Graciliano exerce uma espécie de religião sem Deus, também professa um amor indignado e pessimista pelo humano.

O romance em que isso fica mais patente é *São Bernardo*, um *Dom Casmurro* ruralizado não pelo ambiente em que se desenvolve a trama (o sítio), não pela dureza da personagem principal, Paulo Honório, mas pela ausência daquela civilidade virgiliana que refinava o espírito de Bentinho, que o tornava pleno de relevos e delicadezas. Também *São Bernardo* tem como núcleo um desencontro passional. Mas não estamos mais falando daquela conspiração de convenções da corte que põe sombra nas ações e reações de Capitu e seu marido, naquele suave veneno de pequenos silêncios, concessões e desvãos psicológicos que compõe o tecido da vida.

Marido e mulher, no brilhante Machado de Assis, sabem tudo um do outro, se conhecem, se perscrutam, se satisfazem em identificar pequenas armadilhas e falsetas. No casmurro Bentinho, há algo de egótico e ao mesmo tempo conformado. Retraiu-se por mediocridade e parece satisfeito com os próprios limites. Como não supor em Machado uma ponta de desprezo por sua própria personagem? Já não é assim com Paulo Honório, por quem Graciliano expressa uma ponta de piedade. Os costumes desenham o casal de Machado; a vida material faz o infeliz Paulo Honório.

O naturalismo do qual Machado felizmente fugiu volta com força na obra de Graciliano, não para induzir o desfecho e ditar os rumos da história, mas para revelar o homem como uma espécie de projeto fadado ao fracasso. Não é o ambiente soturno do sítio São Bernardo que faz Honório; é ele quem faz a propriedade à sua semelhança. Eu me atreveria mesmo a dizer que Bentinho e Capitu vivem num universo polissêmico, de excesso de signos e de interpretação. Em São Bernardo, Paulo Honório e Madalena são exemplos da incomunicabilidade. Madalena morre é de silêncio, de solidão interpretativa. O ciúme do marido era um veneno mortal. Ele tinha ciúme da piedade de sua amada.

"De longe em longe sento-me fatigado e escrevo uma linha. Digo em voz baixa:

— Estraguei a minha vida, estraguei-a estupidamente.

A agitação diminui.

— Estraguei a minha vida estupidamente.

Penso em Madalena com insistência. Se fosse possível recomeçarmos... Para que enganar-me? Se fosse possível recomeçarmos, aconteceria exatamente o que aconteceu. Não consigo modificar-me, é o que mais me aflige. (...)

Creio que nem sempre fui egoísta e brutal. A profissão é que me deu qualidades tão ruins.

E a desconfiança terrível que me aponta inimigos em toda a parte! (...)

Lá fora há uma treva dos diabos, um grande silêncio. Entretanto o luar entra por uma janela fechada e o nordeste furioso espalha folhas secas no chão.

É horrível! Se aparecesse alguém... Estão todos dormindo.

Se ao menos a criança chorasse... Nem sequer tenho amizade a meu filho. Que miséria!

Casimiro Lopes está dormindo. Marciano está dormindo. Patifes!

E eu vou ficar aqui, às escuras, até não sei que hora, até que, morto de fadiga, encoste a cabeça à mesa e descanse uns minutos." (*São Bernardo*)

Reproduzi as palavras finais de *São Bernardo* para pedir aos acadêmicos, certamente mais competentes do que eu, que investiguem a importância da insônia na monumental obra de Graciliano. Que os homens de letras peçam mesmo o concurso do saber psicológico para estabelecer hipóteses sobre o que quer dizer tema tão recorrente.

Sérgio, o companheiro de cela, tem a consciência tranqüila, apaziguada em seu saber e conciliada com seu senso de justiça. Sua inteligência é prática e sem hesitações. Já o homem de Graciliano é o da vigília, o que não descansa. Está lá em *Memórias do Cárcere*, encarnado nele próprio, no conto muito a propósito chamado "Insônia", que dá título ao livro, em *São Bernardo*, nas cartas de amor, em *Angústia* ("visões que me perseguiam naquelas noites compridas"), em *Infância* ("À noite o sono fugiu, não houve meio de agarrá-lo"). Tenho alguma simpatia pelos que dormem pouco, ainda que ambicionem o sono dos justos. Quero saber se os movem o inconformismo fundamental e o desejo de amanhãs que cantam ou se os torturam a precariedade da vida e a piedade que todo humano merece.

Em *Insônia*, há um conto chamado "Minsk", o nome de um periquito da menina Luciana. Estabanada, chegada a fazer graça para irritar os adultos, ela um dia "pisou num objeto mole, ouviu um grito".

"Os movimentos de Minsk eram quase imperceptíveis; as penas amarelas, verdes, vermelhas, esmoreciam por detrás de um nevoeiro branco.

— Minsk!

A mancha pequena agitava-se de leve, tentava exprimir-se num beijo:

— Eh! eh!"

Há cinqüenta anos um câncer de pulmão matou o fumante de três maços diários de cigarros. Nunca mais as letras brasileiras foram tão piedosamente inclementes. Escreveu Oscar Wilde na prisão: "(...) each man kills the thing he loves" (todo homem mata aquilo que ama). O homem... "Esse filho-da-puta digno de piedade!", já disse alguém.

Jean Genet
A liberdade radical*

O escritor e dramaturgo Jean Genet (1910-1986) foi a mais rica personagem que Jean-Paul Sartre não teve a chance de criar. Volta-se a ter notícias da aparição do autor de *Diário de um Ladrão* e *Querelle* com o lançamento de *Genet: Uma Biografia*, de Edmund White, e *Um Cativo Apaixonado*, escrito pelo próprio. Vêm em boa hora. A liberdade radical e sem compromisso de Genet poderia fazer um bem imenso à intelectualidade brasileira, ora encantada com o vitimismo triunfante, que chega ao poder para oferecer mais do mesmo, mas com metáforas de insuportável rudeza doméstica e aspirações toscamente redentoras. Ah, que grande chatice todos esses ditos intelectuais a fazer mesuras ao Partido Príncipe! À falta de cicuta, agora que desistiram de corromper a juventude, que ao menos tomem Genet.

Lembra-se de Sartre aqui, claro!, porque ele publicou, em 1952, um monumental ensaio, *Saint Genet: Ator e Mártir*, sobre a obra deste ladrão e pederasta que se tornou um dos maiores escritores da França, cumprindo profecia de Jean Cocteau. Mas também porque Genet era a encarnação da liberdade que Sartre tanto buscou (antes de virar um bobo pró-Stálin) e que fez o charme primeiro da literatura existencialista: o descompromisso como um humanismo. Coisa estranha no Brasil dos "engajados"...

Na obra sartriana, o que perece ora com um estrondo, ora com um

---

* Originalmente publicado na revista *Bravo!* nº 70, em julho de 2003.

suspiro é uma velha Europa decadente e dividida entre suas paixões sangrentas e sua herança humanista. Sartre criou as melhores personagens da guerra, em meio às bombas e à falência das ideologias. A recusa consciente, em *Os Caminhos da Liberdade*, das opções então dadas como as únicas possíveis era um ato de resistência intelectual, era a dignidade restante, a olhar com desconfiança até o Partido Comunista Francês e seu papel heróico na luta contra o nazismo. Era uma construção da razão do "Voltaire" de 1968, para lembrar De Gaulle.

Sartre, no livro sobre Genet, tenta entender como se operou o milagre na cela, com quais recursos um "filho da assistência pública" (assim se definia o ladrão), livre do passado da alta cultura que oprime e instrui o cérebro dos vivos, pôde levar tão longe a solução do descompromisso, fazendo da literatura o alimento de sua imaginação e de seu gozo. *Saint Genet* tem mais quinhentas páginas e é um exercício de rara inteligência e acuidade interpretativa, mas também de perplexidade. Para um ateu, a verdade última do mundo, se última, está na matéria, assim como a origem. Mas isso abre um leque infinito de possibilidades, que buscamos reduzir com tipificações. Genet não cabia numa tipicidade, não tinha um fenótipo moral. Sartre, não raro, aturdido entre o santo e o mártir, perdeu-se em perífrases, em muitas hipóteses e quase nenhuma resposta. Mas é brilhante.

Se Sartre era a força de suas idéias e de suas interrogações éticas, Genet era nada além que a voz de suas personagens, com as quais se misturava, inclusive nas pessoas da narrativa; se Sartre não tinha superego, como escreveu em *As Palavras*, porque não conhecera o pai, Genet não tinha identidade e teve de tomá-la emprestada a seus bandidos porque não tinha nada; se Sartre tinha a força de suas teses, Genet tinha, na pluralidade de vozes narrativas, na originalidade das imagens, na paixão fetichista pelas palavras — de que *Nossa Senhora das Flores* é o exemplo maior — a sua liberdade radical. A palavra parece reduzir o pensamento, estreitá-lo numa sintaxe, subordiná-lo a uma ordem redutora. Angustiamo-nos. Em Genet, as palavras expandem as sensações que parecem dispensar pensamentos, e o autor as degusta, transformando-as em fetiches. O onanista quer gozar. E ele encharca de esperma seus manuscritos já encharcados de lágrimas, para citar *Saint Genet*.

Não! Não é preciso praticar o amor que hoje ousa dizer nome, CIC, RG e quer até casar para reconhecer em Genet um grande autor. Assim como não é preciso gostar de meninas de doze anos para ler *Lolita*, de Nabokov, com prazer. Talvez, em verdade, o Genet mais interessante se revele a quem considere irrelevante a opção sexual própria ou alheia, a não ser que ela se converta, como é o caso, na matéria-prima de uma poética, que não tardou a evoluir para um levítico do crime, da transgressão, da decadência. Eis um trecho de *Nossa Senhora...*, quando o michê assassino é interrogado sobre as razões de ter matado um cliente a quem pretendia assaltar:

" — Eu estava numa dureza fabulosa.

Uma vez que se emprega a palavra 'fabulosa' para qualificar uma fortuna, não parecia impossível aplicá-la à miséria. Essa 'dureza fabulosa' fez para Nossa Senhora um pedestal de nuvens: tornou-se tão prodigiosamente glorioso quanto o corpo de Cristo se elevando para permanecer só, fixo, no céu ensolarado do meio-dia. O presidente torcia as belas mãos (...). A poesia trabalhava sua matéria. Só, Nossa Senhora estava só, e mantinha a sua dignidade, ou seja, ainda pertencia a uma mitologia primitiva e ignorava sua divindade e sua divinização (...). Ele tinha de ser natural. Ser natural, naquele momento, era ser teatral, mas seu acanhamento o salvou do ridículo e lhe custou a cabeça. Ele foi verdadeiramente grande. Disse:

— O coroa tava ferrado. Nem o pau ficava duro!

A última palavra não passou pelos lábios garbosos; contudo, os doze velhos colocaram as duas mãos sobre as orelhas para impedir a entrada de uma palavra tão grande quanto um órgão, que, não encontrando orifício, entrou dura e quente na boca aberta dos jurados (...)."

Nossa Senhora é, literalmente, o bandido dos sonhos de Genet: belo, ambíguo, sem alma, desprovido de caráter, livre de qualquer senso de fidelidade, incapaz de amar, de se sacrificar por alguém. Genet é o autor de seu Gênesis pessoal. No trecho está presente um dos recursos que definem a diferença e fazem a particularidade do autor: a palavra é vivida como um fetiche, reverenciada como epifania. É o olho de um Deus-autor, que tudo sabe e se imiscui no paraíso dos caídos para selar a sorte de seu Adão do Crime. Em sua obra, a culpa vira um objeto poético, a ser experimentado sem remorso ou remissão; o ato transgressivo carrega a solenidade de um ritual religioso; o cúmulo da abjeção coincide com o cúmulo da santidade. Numa conversa entre duas bichas, uma exibe à outra uma foto 3 x 4 de Nossa Senhora: "Mimosa pega o retrato, coloca-o sobre a língua e o engole. 'Adoro tua Nossa Senhora e a comungo'". Os bandidos e os enjeitados são os apóstolos de Genet; o mais belo é seu Cristo, e as palavras que os definem, a sua hóstia consagrada.

Genet foi adotado pela intelectualidade francesa, que se mobilizou para livrá-lo da prisão perpétua: "Este ladrão que vocês podem mandar para a prisão pelo resto da vida será um dos maiores escritores da língua francesa", dizia, incansável, Cocteau. Quase podemos entrever Genet, em um dos muitos catres imundos em que rolava com proxenetas, bandidos e arrombadores (*crème de la crème* na hierarquia dos caídos), divertindo-se com o "perfume da virilha dos árabes", a zombar da importância que lhe atribuíam os figurões da *intelligentsia*. Sentia-se espionado e aprisionado na teia de admiração dos bem pensantes. Na entrevista concedida a Robert Poulet, publicada no livro *Confessions*, disse sentir-se como "um animal no jardim zoológico". Bingo!

Genet foi como um raio nas letras francesas. Antes dele, o mais impudico a que o texto francês havia chegado eram *Os Frutos da Terra*, de André Gide, um canto órfico, de libertação dionisíaca, de contínua metaforização da natureza em sensualismo e gozo. Mas Gide, enfim, era Gide e era francês. A herança clássica lhe parecia pesar nos ombros como uma belíssima cruz. Genet nutria a mais absoluta indiferença pela França. Filho de mãe solteira deixado à porta de uma instituição pública, adotado por uma família de camponeses, por eles acusado de roubo — "*Each man kills the thing he loves*", canta uma personagem de *Querelle*, o filme, de Fassbinder, recitando Oscar Wilde —, foi parar num reformatório aos dez anos ("onde aprendi a vida"). Fugiu. Adulto, alistou-se na Legião Estrangeira, perambulou pela França e Espanha. Participou de saraus nazistas. Preso em 1942, escreveu na cadeia *O Milagre da Rosa* (1943), publicado mais tarde. A literatura lhe teria caído na vida por meio de um intelectual da Resistência, que lhe ofereceu um dos volumes de *Em Busca do Tempo Perdido*, de Proust. Verdade ou mentira? Tanto faz.

Nascia ali um texto perturbador, a flertar, aberta e sensualmente, com o Mal, o imoral, o indecente, o até então inconfessável. Genet não faz a defesa de seus bandidos e amantes. Não se debruça sobre suas personagens para exercer um tipo ainda hoje em voga de advocacia putativa e piedosa das vítimas. Nada há a libertar ou a redimir; gestos e palavras se bastam em sua elegância ou violência e são não a sombra do que é verdade pura na idéia, mas a manifestação dos segredos indecifráveis da caverna.

Se *Nossa Senhora das Flores* é a sua obra-prima, *Pompas Fúnebres* é seu livro mais perturbador. Recém-saído da cadeia, o autor interpreta a ocupação alemã da França segundo o seu ritual homo-religioso. Escolhe um colaboracionista, o que há de mais abjeto na hierarquia da pátria do Iluminismo (até porque os houve aos muitos milhares...), para ser o herói de sua auto-excitação. Riton, jovem e bandido, vê todo o poder da Alemanha concentrado nos testículos dos soldados alemães, "depósitos sagrados e sossegados, porém pesados, dormitantes (...), que eles levavam preciosamente nas regiões geladas ou ardentes, a fim de se impor pelo estupro". Em *Pompas Fúnebres*, a França é sodomizada pela Alemanha, e sua sujeição é voluntária. Mas não se trata de discurso político, entenda-se. Genet ama Riton, a sua falta de caráter, a sua maldade sem propósito, a sua santidade mesquinha.

Genet morreu no dia 15 de abril de 1986, no exato sexto aniversário da morte de Sartre e um dia depois da de Simone de Beauvoir. O que isso quer dizer? Nada! Coincidências que encerram uma fase feliz das letras francesas, uma graça do Destino, deus soberano, tecedor de teias. Leiam Genet! E sempre que algum intelectual do tipo engajado quiser chorar sobre suas chagas, propondo entregar suas causas à vontade d'O Partido das Vítimas Triunfantes, rejeite. Apedreje a mão vil que o afaga. Escarre na boca que tentar lhe dar o beijo da morte da independência.

Mário de Sá-Carneiro
O fingidor fatal*

No poema "Autopsicografia", Fernando Pessoa escreveu os versos mais citados do Modernismo português: "O poeta é um fingidor./ Finge tão completamente/ Que chega a fingir que é dor/ A dor que deveras sente". Eis um emblema da criação: arte é invenção ("fingimento"), mesmo quando não é. O que valia para a obra — e a vida — de Pessoa pouco significava para o amigo Mário de Sá-Carneiro (1890-1916), sua "alma gêmea" tantas vezes relatada em cartas. Este ambicionava expressar na arte as desventuras vividas e viver em vida os sortilégios do "fingimento" artístico.

Boa parte dos leitores brasileiros de Pessoa ignora Sá-Carneiro, ambos parceiros no tempo, nos temas, na estética e na revista *Orpheu* — a despeito daquela divergência essencial que de um fez alguém só menor do que Camões e que pôs o outro a perder. Em vida, Sá-Carneiro publicou três livros respeitáveis (Pessoa, um só monumento: *Mensagem*); na morte, foi injustamente desprezado, enquanto o outro entrou merecidamente para o cânon ocidental. Parte da produção de Sá-Carneiro ressurge com *Poemas e Cartas a Fernando Pessoa*. O primeiro reúne *Dispersão* (1914) e *Fios de Oiro*, publicado depois de sua morte. Se a Companhia das Letras continuar a investir no autor, contam-se da produção mais madura as novelas de *Céu em Fogo* (1915) e *A Confissão de Lúcio* (1914).

O tema permanente de Sá-Carneiro surge inequívoco nos versos do

---

* Originalmente publicado na revista *Bravo!* nº 82, em julho de 2004.

poema "Dispersão", que dá nome a seu livro de poesias: "Perdi-me dentro de mim/ Porque eu era labirinto/ E hoje quando me sinto/ É com saudades de mim". Se Pessoa conformou os "eus" numa obra de muitas vidas que jamais ambicionaram ser a vida-ela-mesma, Sá-Carneiro consumiu-se na busca de um fantasma, um só, a assombrá-lo e a lhe conferir a nostalgia de uma inteireza tão indefinida como inencontrável. A tentativa de se reconciliar com o "outro" resulta em frustração e má sina: "Um pouco mais de sol — eu era brasa,/ Um pouco mais de azul — eu era além,/ Para atingir, faltou-me um golpe d'asa...".

No dia 26 de abril de 1916, a menos de um mês de completar 26 anos, refugiado em Paris, o poeta que só conhecia as dores que "deveras sentia" — "Eu não sou eu nem sou outro/ Sou qualquer coisa de intermédio:/ Pilar da ponte do tédio/ Que vai de mim para o Outro" — entupiu-se de estricnina. A autodefinida "esfinge gorda" deitou-se para nunca mais. Em texto célebre, escreveu Pessoa sobre o suicida: "Morre cedo o que os Deuses amam", emprestando-lhe a sombra de um fatalismo de matriz romântica.

Esse fatalismo remete à percepção do crítico português João Gaspar Simões, para quem "há na poesia portuguesa um franco pendor para o subjetivismo". Interessa observar, com o crítico, que Sá-Carneiro era mais "sensível do que inteligente" e "inteligente só enquanto sensível", a despeito da filiação à vanguarda portuguesa. Formado na tradição simbolista, seu vocabulário transborda em "êxtases dourados", "agonias de luz" e "instantes esguios", e as sinestesias avançam e se perdem na procura do "eu-próprio que é o outro", sem jamais lograr a conciliação. Experimentava como tragédia hiperbólica o "eu disperso" que Pessoa sistematizou como farsa consciente.

Nas cartas, lê-se alguém que confirma a crença na arte como um destino. E que faz da inadequação ao mundo a razão de viver, escrever... e morrer. O suicídio ou a morte decorrente do desregramento seduzem. Seriam testemunhos de que as dores se fazem de fatos, não de palavras. E, no entanto, se obra de arte, haveria de ser não mais do que "fingimento". Sá-Carneiro levou a extremos de fato o risco das palavras. Pena! Tivesse vivido mais, teria sido um poeta melhor. Ainda assim, fez-se um dos grandes da poesia portuguesa.

Romance d'A Pedra do Reino
O retorno*

Vai fazer sete anos em maio próximo [2005] que eu reclamava, num texto publicado na revista *Bravo!*, com algumas observações de então reproduzidas agora, a reedição de *Romance d'A Pedra do Reino*, de Ariano Suassuna, que entendia e entendo ser a mais importante obra em prosa escrita no Brasil depois do chamado ciclo regionalista. Nenhuma a igualou em qualidade literária, em importância histórica e no alcance dos temas de que trata. Publicado pela editora José Olympio em 1971, o livro aguardava uma reedição havia mais de trinta anos, o que, felizmente, acontece agora. E pelo mesmo selo.

Deveria ser um desses momentos de celebração da inteligência pátria. Editores dos cadernos de cultura haveriam de convocar o ensaísmo literário — e também o político — para escrever sobre o romance, suas qualidades, seus problemas e a leitura que faz do país. E, no entanto, eu lhes digo: temo o silêncio outra vez! Certas áreas da inteligência, quando não vítimas do tsunami do preconceito supostamente cosmopolita, são varridas pelas vagas destruidoras da demagogia e da burrice. Ariano, o maior prosador vivo da língua portuguesa (sim, incluindo Portugal), é adversário das duas coisas.

Quase banido da universidade e dos cursos de letras — duvido que a maioria dos "dotô" em literatura tenha lido o livro —, este professor de estética é uma figura de difícil digestão e tradução nos círculos acadêmicos brasileiros. Construiu uma obra infensa e impermeável a alguns

---

* Originalmente publicado na revista *Primeira Leitura* n° 36, em fevereiro de 2005.

dos chavões do pensamento em que se foi dividindo a inteligência. Não é nem nunca foi marxista — e, portanto, não há no que escreve qualquer apelo à redenção de classe. A grandeza de seus heróis e de suas personagens dispensa o ritual de passagem da "consciência" para operar o confronto com o opressor. De outra sorte, o autor, paraibano de nascimento e pernambucano por adoção, não é um experimentalista ou entusiasta de vanguardas. Ao contrário: sua obra de teatro remete aos autos de inspiração ibérica, e sua prosa, do ponto de vista formal, é convencional, classicizante, límpida, sem charadas e macaquismos verbais a serem desconstruídos em aulas de teoria literária.

Por isso mesmo, construiu, como queria Horácio, um monumento mais duradouro do que o bronze. Se sobrevivermos às ondas avassaladoras da mediocridade, do pensamento politicamente correto, do cosmopolitismo de fachada e da vulgaridade populista, daqui, sei lá, a cem anos, *Romance d'A pedra do Reino* há de figurar no panteão das grandes obras brasileiras de todos os tempos, ao lado de alguns Machados, de uns tantos Gracilianos, de Euclides. A relativa pobreza da fortuna crítica sobre a produção de Ariano e, em especial, sobre este romance diz muito de nossa perdição acadêmica.

E olhem que não faltam elementos excepcionais a tornar o livro, de fato, ímpar. O ambiente e os fatos que lhe servem de motivo são trágicos e não escaparam também à pena de José Lins do Rego e de Euclides da Cunha. Em 1838, influenciados por versos de cordel, um certo João Antônio dos Santos e um seu cunhado, João Ferreira, deram início, "numa serra áspera e pedregosa do Sertão do Pajeú, fronteira da Paraíba com Pernambuco", a um movimento messiânico que se autoproclamava sebastianista — inspirado em dom Sebastião, o rei português que desapareceu na batalha de Alcácer Quibir, em 1578. Há indícios de que não passavam de dois picaretas explorando a ignorância popular para chantagear poderosos e extorqui-los.

O desfecho foi o pior possível. Quando se estabeleceu o confronto, os líderes exortaram seus seguidores ao suicídio e ao infanticídio. E o faziam, segundo diziam, sob as ordens do próprio rei. De um total de 83 mortos, pelo menos trinta eram crianças. Assim se refere Euclides ao caso em *Os Sertões*: "O transviado encontrara meio propício ao contágio de sua insânia. Em torno da ara monstruosa, comprimiram-se as mães erguendo os filhos pequeninos e lutavam, procurando-lhes a primazia no sacrifício... O sangue espadanava sobre a rocha jorrando, acumulando-se em torno (...)". No último confronto, os proprietários de terra e a polícia fizeram três dezenas de cadáveres.

Há um percurso único nisso tudo. Dois celerados, inspirados no cordel (na cultura popular, portanto), fundam um movimento messiânico. O caso permanece na memória dos moradores locais, alimenta histórias e mitologias diversas e, um dia, ganha as páginas de um livro. A obra de Ariano, ao ressuscitar aqueles eventos tenebrosos, deu origem, em 1992, a uma cavalhada, que reconta o conflito final que lavou de sangue as duas elevações rochosas, de trinta e 33 metros de altura, as Pedras do Reino. Não se conhece outra circunstância no país em que uma criação literária, cordel ou não, esteja na origem de um evento bárbaro. Como também não há outro exemplo de um livro da chamada alta cultura, a dos letrados, que tenha motivado uma manifestação popular.

Cem anos depois, Dom Pedro Dinis Ferreira-Quaderna, narrador e protagonista do romance, alter ego de Ariano, volta-se para os horrores de Pedra Bonita, antigo nome do lugar, como motivo para construir uma grande epopéia nacionalista. Ou, nas suas palavras, fazer "o Romance heróico-brasileiro, ibero-aventuresco, crimonológico-dialético e tapuio-enigmático de galhofa e safadeza, de amor legendário e de cavalaria épico-sertaneja". Embora o ambiente escolhido seja o rural (na verdade, nordestino), Ariano, na prática, exercita um dos eixos de seu pensamento: o universal é sempre o "local" de alguma cultura. Daí que

Quaderna se refira à sua obra como "Sertaneida" ou "Nordestíada", numa alusão às epopéias de Virgílio (*Eneida*) e Homero (*Ilíada*) e busque construir o "romance do Canto Genial da Raça Brasileira".

Nas várias formas de diálogo que o narrador mantém com Samuel Wandernes e Clemente Hará de Ravasco Anvérsio, dentre outros, integralistas, comunistas, cosmopolitas de formação européia e nativistas exacerbados se encontram e porfiam, compondo um formidável painel de confrontos ideológicos que marcaram a formação da mentalidade brasileira na década de 1930. O romance, no fim nas contas, está no, vá lá, meta-romance, nos debates sobre a função da arte, o confronto entre o indivíduo e o Estado, os valores éticos e estéticos e as origens étnico-culturais do povo brasileiro. Ao encontrar, pela via de nossa origem ibérica, traços da Idade Média no Brasil sertanejo, Ariano escreve a grande obra literária da formação do Brasil contemporâneo.

Ao lado de *Cabeça de Negro*, de Paulo Francis, é um dos dois romances de idéias havidos no Brasil — só dois, já que *Memórias do Cárcere*, de Graciliano, memórias são. Francis, é bem verdade, trata do universo urbano e escreve sobre as ilusões da esquerda tornadas escombros, o que ele registra, como sempre fez, precocemente. Em meio a tantas distinções, igualam-se nesta qualidade rara: fazem da literatura veículo de idéias. E também se igualam no silêncio covarde de parte substancial da crítica acadêmica. Pelo menos até agora.

NOTA: Além de *Romance d'A Pedro do Reino*, a José Olympio também relançou, do autor, *Iniciação à Estética*, onde fala o teórico, com não menos fôlego do que o criador. Aliás, felizmente, algumas de suas peças de teatro estão disponíveis nas livrarias. Prove que o melhor do Brasil, de fato, são alguns brasileiros, fuja da demagogia e da preguiça, não confunda livro com esteira ergométrica e entregue-se a Ariano Suassuna.

Um pouco de cinema

Cinema de autor
Algo não tem nada a ver*

A cena é de *O Rio*, de Tsai Ming-liang (Malásia): numa sauna gay de Taipei, ambiente repleto de vapor e de homens enrolados em toalhas brancas, o pai do protagonista está em um quarto onde, aparentemente, dão-se encontros amorosos. Mais tarde, o seu encontro amoroso será uma sessão onanista com o próprio filho, mas isso não vem ao caso: àquela altura, apenas se vê o homem deitado numa cama envolta por opressiva penumbra. Ele espera por algum parceiro ou por alguma coisa. E espera. E espera mais um pouco.

São vinte segundos de cena. Ou trinta. Ou quarenta, não importa: o efeito no espectador é o de se estar há horas em frente à tela, e do espectador é exigida a percepção da metáfora, da metalinguagem, das referências artísticas e do inconfundível toque de gênio presentes na ausência de elipse da seqüência. Se o espectador nada percebe, algo lhe diz que ele não entendeu direito. Se franze a sobrancelha e pensa em sair correndo a gritar que o rei está nu, algo o impede de fazê-lo.

Algo — daqui por diante grafado, por deferência, com A — é uma entidade abstrata que paira sobre as poltronas de salas de projeção mundo afora. Trata-se da primeira presença confirmada da Mostra Internacional de Cinema de São Paulo, cuja 22ª edição tem início no dia 16 deste mês [outubro de 1998]. Na verdade, trata-se de uma onipresença: antes de o *establishment* hollywoodiano *lato sensu* deixar os

---

* Escrito em parceria com Michel Laub, originalmente publicado na revista *Bravo!* n° 13, em outubro de 1998.

espaços majoritários da mídia para dar lugar a 150 filmes de estética parecida — por afinidade temática, por estilo ou pelo simples fato de haverem sido produzidos longe do cinemão norte-americano — com a de *O Rio*, durante este mês, Algo, com seus múltiplos poderes e dons carismáticos, já terá, como sempre, entrado em ação.

A entidade é eficiente e não brinca em serviço: estará nas bilheterias, nos sacos de pipoca, nas catracas de acesso às salas, nos cartazes promocionais. Sua tarefa é juntar o joio ao trigo na salada de indigência travestida de profundidade que caracteriza parte do cinema "de autor" contemporâneo — uma parte pequena, é verdade, mas de grande e ofuscante visibilidade.

Algo, às vezes, ganha, se não o grande público, uma platéia ampliada sempre disposta a ver o que procura. Custe o que custar. Pode custar ver um filme de Wim Wenders até o fim. E gostar. Tal obstinação alçou o cineasta alemão à condição de gênio das telas. Afinal, como não ver na personagem "estrada-que-corta-o-deserto", de *Paris, Texas*, um "não sei quê" de comovente? Algo assim como se a "estrada", metáfora do sentido, cortasse o "deserto", metáfora da condição humana (obrigatoriamente sem sentido), e as duas metáforas casadas compusessem uma alegoria de, digamos, sei lá, da falta de sentido da condição humana, ou da falta de humanidade do sentido, ou da falta de condição do sentido humano. Ou o contrário. Depois de tanta estrada, nada mais faz sentido na condição humana.

Paris, Texas, aliás, é exemplar. Quando o marido encontra sua fugidia mulher numa espécie de prostíbulo, e o contato entre ambos se dá através de um vidro, como não sentir o cineasta a cutucar o seu braço com a pergunta fatal: "Entendeu a figura? Hein? Hein?". O homem vê a sua mulher através da lente. O crítico inteligente poderia escrever algo mais ou menos assim: "Wenders atualiza com excelência o conceito de que cinema é a arte da metalinguagem. Ao interpor um vidro entre os amantes, o diretor reproduz na tela aquela que é essência mesma do cinema: 'um eterno olhar através de'. O artifício genial consiste em fazer com que o espectador experimente vicariamente as sensações da personagem. Somos todos alçados a uma mesma condição de *voyeur*...". Mate o crítico e vá ao cinema.

Asas do Desejo, do mesmo Wenders, que bateu todos os recordes de "ahs, ohs, uhs" da platéia, trazia lá um tal anjo um pouco aborrecido com a eternidade, que decidiu se esfregar entre os aqui de baixo porque, afinal, achava a humanidade bacana. É, certamente, a idéia que Wenders faz do Prometeu moderno. O da mitologia roubou o fogo para o homem e deu início à história, razão por que foi condenado ao sofrimento eterno, com uma águia a lhe comer à noite o fígado que crescia durante o dia. O anjo de Wenders troca nada menos que a eternidade por uma trapezista, e Algo nos diz que há aí "um olhar sobre" alguma coisa, uma visão "interessante" (adjetivo lábil o bastante para ser usado à vontade) da "modernidade" — este um substantivo que dispensa maiores explicações. De preferência, comece uma frase assim: "O sentido da modernidade nos diz que...". A oração objetiva direta que complementa a principal pode ser qualquer uma. Não faz sentido mesmo.

É claro que a mostra pode comportar obras-primas e que muitos filmes devem ser produtos bastante melhores do que a média feita pelos grandes estúdios. É inegável a importância do festival como "peça de resistência" à avalanche provocada por produções como *Armageddon* e *Máquina Mortífera 4*. Mas é inegável também que um bom número dos filmes que exibe — sabe-se lá por qual razão, justamente os que provocam mais marola crítica — é mesmo do tipo que cai nas graças de Algo, a entidade que decreta que a pretensão, a arrogância, o vácuo de idéias e, principalmente, a chatice constituem um gesto de resistência que merece ser saudado.

Mas por que, afinal, o chato vira *cult* (como se gosta de dizer por aí) e o vácuo se confunde com densidade? De saída, é preciso deixar claro que só as classes médias suposta ou realmente intelectualizadas se entregam ao sofrimento de ver o que no fundo rejeitam, ou de atribuir intenções magníficas ao que é francamente pequeno e sem importância.

Na verdade, esse grupo é uma espécie de herdeiro do Conselheiro Acácio, de Eça de Queiroz: não veste a casaca daquele, mas conserva o mesmo vazio entre as orelhas, preenchido por frases retóricas e manifestações adjetivas. Acácio assistia à ópera e nada conseguia dizer além das platitudes de praxe; o nosso "classe-média-cabeça" limita-se ao encantamento basbaque. A ligeira diferença em favor de Acácio é que as suas óperas estavam longe de ser a poetização do belo-horrível, à maneira do garoto-torcicolo de Tsai Ming-liang. Ao contrário, a ópera acaciana era reiteração dos valores do *establishment*.

Ao dar acolhida ao feio, ao diferente, ao mórbido, há uma certa crença de que se está combatendo o sistema (Qual? Qualquer um), de que se está resistindo ao mercado, de que só é bom o cinema que rejeita a sua própria natureza, que é ser entretenimento de massa. É forçoso reconhecer que a adesão a essa, digamos, estética e a acolhida a tudo quanto é esquisitice sob o pretexto de ver o mundo sem preconceitos são típicas de certa elite que se alfabetizou sentimentalmente pelas imagens. É claro que essa análise comporta objeções de respeito, como as que faz Leon Cakoff.

"Todos devem ter chance. Deve-se dar vez à criatividade. Você não pode ser censor de sua época, nem ditador", diz ele, o homem que, de uma modesta iniciativa patrocinada pelo Masp, transformou a mostra num acontecimento de estrondoso sucesso. Cakoff está no seu papel: não é o organizador que deve dizer que o rei está nu, até porque ele não tem poderes para barrar a presença de Algo.

O maior mérito do festival de Cakoff são as suas descobertas, filmes que passariam despercebidos do público brasileiro não fosse o destaque recebido. Neste ano, a grande atração, provavelmente, será *A Vida É Bela*, de Roberto Benigni, comédia sobre um livreiro judeu italiano que é mandado, com o filho, para um campo de concentração durante a Segunda Guerra. O filme poderá ser o grande concorrente de *Central do Brasil*, de Walter Salles, na disputa pelo prêmio de Melhor Filme Estrangeiro no Oscar do ano que vem** e está sendo saudado pela crítica internacional por tratar o tema do Holocausto sem apelos adicionais à sua brutalidade intrínseca. O problema está nas artimanhas de Algo, nas quais não só a mostra de cinema caiu.

O Rio, aquele do pai que masturba o filho, foi premiado no Festival de Berlim '97. Outras pérolas do gênero o foram, quase sempre por obra e lobby de Algo, em festivais por todo o mundo. Se a justificativa dessa premiação é uma aposta no "novo" e na experimentação, lamenta-se a pouca sorte de produções experimentais como, por exemplo, as que Andy Warhol costumava fazer para os amigos. Numa delas — lembra Luis Fernando Verissimo em uma crônica —, o artista plástico também quis brincar de cena sem elipse: como Ming-liang, mas com verdadeira radicalidade (qualidade imprescindível aos verdadeiros cineastas "autorais"), filmou um amigo dormindo durante oito ou nove horas e deu à obra o nome de *Sono*. Exibiu-a em um pardieiro de Nova York, em cujas cadeiras um único espectador formava a platéia: o tal amigo, que dormiu logo nos minutos iniciais

Claro que *O Rio* não é *Sono*. O segundo tem menos pretensão: é o que é. Já o primeiro amontoa uma sucessão de metáforas propositais, esfregadas na cara do espectador por uma mão pesada e sem controle da própria inabilidade. Foi classificado de grande cinema, mas não o grande cinema hollywoodiano: entrou na categoria dos filmes de Bergman, Godard, Truffaut, Fellini — filmes de autor, de direção, de con-

---

** De fato, em 1999, ambos concorreram ao Oscar de Melhor Filme Estrangeiro. *A Vida É Bela*, de Roberto Benigni, que foi indicado em outras seis categorias, levou o prêmio.

cepção, de idéias. Hollywood jamais financiaria *Amarcord* (Fellini) ou *Morangos Silvestres* (Bergman) porque o conteúdo e a gramática de ambos não interessariam ao grande público. É uma indústria de entretenimento à qual certos discursos não servem porque exigem do consumidor alguns pré-requisitos. Se ele tiver uma leitura razoável de psicanálise, *Morangos Silvestres*, parecerá menos enfadonho; se estiver afinado com a noção de que reinventamos borgianamente o passado com base em fragmentos de memória, em que realidade e fantasia têm rigorosamente a mesma importância, *Amarcord* lhe parecerá menos fragmentado.

A ousadia "antimercado", por assim dizer, desses senhores citados acima, cujos filmes podem ser traduzidos a qualquer tempo em palavras, em verbo (a única forma possível de expressar um pensamento), cujos trabalhos organizam imagens numa seqüência tal que formam uma sintaxe, ainda que não obedeçam à caligrafia hollywoodiana, é metida no mesmo saco de "desconstrução" e "descontinuísmo" experimental de gente que não tem o que dizer. Transplantando-se o exemplo para o movediço terreno das artes plásticas, seria como confundir Picasso com Basquiat. O primeiro, antes de mais nada, dominava a técnica do seu ofício (vide os quadros figurativos que pintava quando jovem), e isso lhe deu, no mínimo, autoridade para "romper" com a estética vigente. Se rompeu de maneira competente ou não, é outra história, mas o pressuposto básico para esse rompimento existia.

Já o segundo é a caricatura disso: se desenhava um osso — uma das figuras recorrentes em sua obra — de maneira infantil, provavelmente é porque não saberia fazê-lo de outra forma. Como escreveu o crítico norte-americano Robert Hughes, Basquiat abriu mão de passar alguns anos em uma escola onde poderia aprender rudimentos básicos de pintura em nome do que, devido às circunstâncias culturais da época em que viveu, lhe era mais fácil: usar primariamente o seu denominado "talento bruto" e alcançar, sem tanto esforço assim, uma fama fundada no deslumbramento de críticos incapazes de enxergar que um osso desenhado de maneira infantil é só um osso desenhado de maneira infantil. Algo, como se vê, não é uma entidade filistina: também bebe vinho branco quente em *vernissages* mundo afora.

Dominando a técnica, tudo é permitido. Para o bem ou para o mal. Bergman, Truffaut, Godard e Fellini poderiam fazer filmes lineares se quisessem. Não o fizeram. E, a exemplo de Picasso ao preferir a estética cubista, essa foi uma opção. Já Ming-liang encaixa-se no caso oposto: como Basquiat e sua estética osso-malfeito, refugia-se no "radicalismo" e na "ousadia" para disfarçar uma incompetência que, antes de mais nada, além de todo o resto, é incompetência técnica. Algo obtém a sua grande vitória quando se confundem Picasso e Bergman com Basquiat e Ming-liang. O osso e o filho masturbado pelo pai — imagens constrangedoras em busca de alguém que lhes empreste um sentido, qualquer sentido (até as óbvias interpretações subfreudianas) — passam a ser "cânones" (palavra-chave do vocabulário desse alguém eventual) de uma forma de arte cujo vazio é a arma involuntária da necessidade de se sentir "combatendo o sistema", "resistindo ao mercado".

Cakoff, um dos maiores *experts* em cinema do Brasil, não se preocupa com isso, pelo menos no tocante à sua área de atuação: "Não interessa se o novo é bom ou não. É nele que você tem de apostar". É por essa razão que o festival tem 150 filmes, e não dez. Cabe ao público escolher o que ver: faroestes búlgaros, épicos sírios, paquistaneses experimentais, chineses de quatro horas de duração. Levam-se a sério os que, entre esses, não merecem tamanha deferência não por inércia, não por burrice, mas por causa dos poderes secretos de Algo.

Coração Iluminado, de Hector Babenco
Sem apelo*

Ricardo Piglia assina a quatro mãos com o diretor Hector Babenco o roteiro do filme *Coração Iluminado*, aquele que é reconhecidamente uma espécie de autobiografia intelectual e sentimental de Babenco. O filme teve lançamento discreto no Brasil, acolhida idem da crítica brasileira e despertou eloqüentes silêncios à saída de uma das salas do Espaço Unibanco, em São Paulo, pequeníssima, com cinqüenta lugares, jamais preenchidos mesmo naquelas que seriam as sessões mais concorridas. A despeito de tão pouco barulho, *Coração Iluminado* é um filme de primeira grandeza, com roteiro primoroso, uma atuação deslumbrante da atriz brasileira Maria Luisa Mendonça e, o melhor, cumpre algumas exigências, se não inéditas, raras no cinema brasileiro (tanto quanto se possam reivindicar brasileiros o cinema de Babenco e o próprio diretor, nascido na Argentina).

O desconforto se explica por vários caminhos, e não é o menor deles o fato de *Coração Iluminado* ser um filme sem nenhuma concessão a uma voga que ganhou curso no cinema nacional, talvez de todas as artes a mais empenhada em estabelecer uma visão da nacionalidade, em plasmar um discurso político, totalizante, sobre o país. Daí que, findo o período da chanchada, o cinema brasileiro tenha buscado construir sua identidade como um discurso parauniversitário, de sotaque sociologizante. Não à toa, prosperou a *boutade*, já clássica, sobre o

---

* Originalmente publicado na revista *Bravo!* nº 18, em março de 1999.

143

Cinema Novo: o filme podia ser uma merda, mas o diretor inegavelmente era um gênio.

Alguns podem objetar que a biografia sentimental de Babenco se passa em Mar del Plata, na Argentina, e não no Brasil, e nada tem a ver com o país. Bem, mas nada tem a ver com a Argentina também. O roteiro de Babenco e Piglia reivindica o direito (e realiza a contento a façanha) de tratar com competência de temas que muitos consideram ser coisa "lá dos europeus", sem exibir chagas de algum país pobre. Não porque elas sejam vergonhosas, mas porque podem encobrir formas do sublime não tratadas com adequação quando a sociologia — afinal sempre canhestra — de um diretor de cinema cobra seu quinhão à narrativa, às personagens, ao roteiro.

Ao perscrutar a formação sentimental de um cineasta, as profundezas conhecidas e abismos sem termos da relação amorosa entre homem e mulher, *Coração Iluminado* não se sente obrigado a passar recados, a rever a história, a criar mártires do sofrimento ou a erigir pequenos fantoches de ilusão coletiva. Mergulha sem apelos no inferno de cada um, mas sempre com a tentação do vôo, da ascese. Ocorre que esse retorno e gratificação apelam sempre à inteligência. E talvez tudo isso convença menos.

Paixão Perdida, de Walter Hugo Khouri
O mesmo e sempre melhor*

Toda crítica deveria revelar seus preconceitos, e esta tem os seus, diferenciando-se pela pequenina ousadia de revelá-los. Opiniões sobre cinema, livros, artes em geral parecem ditadas ao ouvido do crítico pelos deuses, como se todas as outras verdades entrassem imediatamente em colapso tão logo pronunciada uma opinião. Assim, a análise que se vai fazer aqui do filme *Paixão Perdida*, o mais recente lançamento de Walter Hugo Khouri, sai da pena de alguém que considera que o sociologismo é o túmulo da arte e que a intenção de passar mensagens politicamente corretas ou moralizantes para o público elide, mas sempre revela, uma forma de totalitarismo. E o preconceito enunciado se fecha com a convicção de que não cabe à arte senão se interessar por homens tomados individualmente, dado que neste indivíduo — e aí está a construção do artista — devem estar presentes, se for o caso, as contradições e pulsões de tempos, eras, períodos.

Khouri, o quase lendário diretor de *Noite Vazia* (1964), se lança, com *Paixão Perdida*, à procura de sempre, assim traduzida na boca de Marcelo, o já famoso alter ego de uma extensa filmografia: "Existe alguma outra coisa, imponderável, sentida, profunda, que eu nunca experimentei". O período, reconheça-se, caminha na área limítrofe entre a obviedade e a revelação. A busca desse imponderável, com personagens real e metaforicamente enclausuradas, é a marca característi-

---

* Ensaio originalmente publicado na revista *Bravo!* nº 20, em maio de 1999.

ca de um cineasta que, sem favor, é dono de uma obra que jamais perdeu seu rumo.

Colhido pelo Cinema Novo, continuou, como definiu com graça o jornalista Xico Sá nesta *Bravo!*, fiel a seu "jiló existencialista": não concedeu com aquela discurseira infernal que pretendia ditar os rumos do Brasil (Deus nos livre de cineastas que querem ditar os rumos do Brasil!...). Quando a pornochanchada dos anos 70 mimetizou, com matéria-prima ordinária, o biscoito fino de seu erotismo, nem por isso se dedicou a temas "inteligentes" ou saiu por aí rejeitando parentescos.

Neste *Paixão Perdida*, Marcelinho (Fausto Carmona), em catatonia depois da morte da mãe, começa a sair de sua inanição existencial ao receber os cuidados da nova babá, Anna (Mylla Christie — excelente, creiam!), o que desperta o desejo do pai, Marcelo (Antonio Fagundes), pela moça. O chefe da família só é quem é porque é absoluta e resolutamente fiel ao que é: um devorador da própria cria. Ele anuncia sua divisa: "Ninguém me impede de fazer nada. Eu faço o que quero, como quero, quando quero". É a sentença de alguém confessadamente sem limites, provedor material da casa, mas um parasita moral, cuja potência decorre da seiva que sua prepotência contrabandeia da vida dos que o cercam.

Bem, o que se segue é uma delicada trama de relações perigosas, revelada pelo melhor cinema, em que o tempo histórico, o espaço e as pessoas que há fora dessa cela existencial não têm nenhuma importância. A câmera de Khouri não se abre então senão para associações, metáforas e revelações que denunciam que, sim!, o outro existe, mas o inferno mora é dentro de cada um.

A busca do imponderável, claro!, permanece inconclusa. Um bom fim para a saga de Marcelo — fica a dica para Khouri — seria o surgimento de um filho ignorado, prudentemente protegido pela mãe, que se levantasse do passado para castrar o pai, como Saturno fez com

Urano. Do sangue do pai mutilado nasceram Vênus e as Fúrias, respectivamente o amor e a punição. Marcelo merece esse descanso.

Opiniões sobre o Brasil são só o que passa. Khouri vai ficar.

Cronicamente Inviável, Beleza Americana e Magnólia
O mal-estar de duas civilizações*

Não deixa de ser curioso e eloqüente que o filme *Cronicamente Inviável*, de Sérgio Bianchi, tenha surgido praticamente ao mesmo tempo que *Beleza Americana*, de Sam Mendes, e *Magnólia*, de Paul Thomas Anderson. São filmes que expressam insatisfações opostas e combinadas. E o que distancia o brasileiro de seus pares americanos não é a particular interpretação do mundo expressa pelos diretores, ou os recursos técnicos empregados, ou a competência com que se manipulam esses recursos. O que os diferencia é aquilo a que já se chamou um dia base material da sociedade, é a geografia da pobreza, é o vetor do fluxo do capital internacional, é o lugar objetivo ocupado pelos Estados Unidos e pelo Brasil na hierarquia mundial.

Para quem não viu ou não se lembra, *Beleza Americana* retrata o cotidiano sem perfume e sem espinhos de uma família da classe média americana, sufocada pelos dilemas de ir tocando uma vidinha besta, afagada e pressionada pelo consumo. As várias situações vão sendo amarradas pela voz em *off* de um morto, que, não à toa, nos soa bastante próxima — ali, presente como cada um de nós. O consumo, afinal, iguala as civilizações. Bingo! Somos — nós, dos Jardins, em São Paulo, ou da Zona Sul, no Rio — tão vivos e profundos quanto eles.

Não é muito diferente o tema de *Magnólia*, embora, nesse caso, se esteja a falar de um filme maior. Porque, se o assistem as mesmas qua-

---

* Originalmente publicado na revista *Bravo!* nº 34, em julho de 2000.

lidades de *Beleza...*, ao registrar o descolamento do indivíduo de qualquer vida de afetos, conta com a vantagem de exibir personagens mais bem construídas, matizadas, em que a diversidade do humano se realiza mais amplamente. Um machista misógino (Tom Cruise), um apresentador de TV torturado pelo câncer e pela suposta culpa do incesto (Philip Baker Hall) ou a alpinista social arrependida (Julianne Moore), entre outros, são bem mais do que tipos ou representantes de sua classe. Eles têm história, memória, hesitações e lapsos particulares; são contribuições do "individual" ao "social". Inferior, *Beleza...* condescende com uma certa simplificação das personagens em benefício da tese.

Os dois filmes — e não há como deixar de considerar que ambos são caudatários do quase alternativo *Felicidade*, de Todd Solondz — manipulam o desconforto do que eu chamaria de mal-estar da abastança. Ora vejam: a economia americana assiste a seu maior ciclo de crescimento em cinco décadas. O presidente do banco central daquele país, Alan Greenspan, aterroriza o mundo cada vez que decide elevar em meio ponto percentual a taxa básica de juros. Quando isso acontece, aquela gente de *Felicidade*, *Beleza...* ou *Magnólia*, no máximo, compra menos hambúrgueres e carros para depositar algum dinheiro real — dólar, moeda que vale — na poupança. Na melhor das hipóteses, a economia desaquece, afasta-se o risco de inflação nos Estados Unidos, e os países pobres vão à beira do abismo. Na pior das hipóteses, a medida de Greenspan é ineficaz, e aí já é o abismo ele mesmo. É chato, mas é assim.

E nós, os cronicamente inviáveis? De outra matéria é feita a beleza brasileira; a nossa *Magnólia* não é um pedaço entre estranho e alternativo da Los Angeles pós-moderna; não são nossos os deserdados de uma verdade essencial, a que se chega pela obsessão masturbatória (*Felicidade*) numa Nova Jersey tão hostil quanto acolhedora das diferenças; outras são as nossas flores do mal. E é isso que está magnificamente expresso na obra de Bianchi. Como seus parceiros americanos, é também um filme do *malaise*, um mal-estar que com o outro se combina — e ousaria mesmo dizer que é dele função, em sentido estritamente matemático. O diretor brasileiro filmou o *malaise* da carência.

Bianchi faz rodar em torno de um eixo — quatro brasileiros abastados que se encontram em um restaurante da moda — fragmentos de um país esgarçado pela ausência de leis e de Estado. Até aí, a estrutura parece inocente, simplória até. Ocorre que suas personagens não são decalques ou estereótipos de dominantes e dominados. Os abastados estão longe de ser plutocratas irresponsáveis, como não são heróis impolutos de sua classe os pobres que ele filma. Os primeiros têm a cara dessa elite "cidadanizada" pelo discurso do assistencialismo tornado política de Estado.

Então é de política que se fala aqui, não de arte? Desconheço se existe o mapeamento histórico a seguir, mas me parece razoável supor que uma obra, um discurso — como ainda ousam dizer os ainda semiólogos —, ganha o estatuto de "arte" ou a qualificação de "artística" apenas quando surge a política, vale dizer, quando se plasma um "outro social" sem o qual o indivíduo também não faz sentido. Assim como a política, a arte é um exercício de mediação entre o corpo social e o corpo individual. Uma obra não é apenas sentido — há até os finórios que consideram que todo sentido é reacionário, porque fechado, estabelecido. Não tenho tempo para esses daí.

Filmes, livros, música, peças de teatro, artes plásticas mobilizam recursos técnicos, entre os disponíveis, de maneira mais ou menos competente; essa substância ganha forma entre as balizas da repetição e da invenção. Não se sabe — ou não sei eu, para ser mais preciso — de uma obra grandiosa que tenha se esmerado nos rigores da técnica e ignorado o seu tempo. À máxima segundo a qual "arte não é documento", respondo que arte não é apenas documento, é também testemunho, ou seja, ela documenta as condições em que um discurso, mesmo não sendo intencionalmente documental, acaba por documentar a realidade que o comporta ou suporta. E, claro, precisa ceder à tentação de querer ser sociologia, ou está condenada.

Experimentei desconfortos vários ao assistir a esses quatro filmes. No caso dos americanos, algo me cobrava a consciência: "Esses diretores, no fundo, são uns moralistas babacas, que anseiam por um idílio que jamais haverá entre o corpo individual e corpo social. Ao fazerem a crítica acerba de tudo o que têm (e que nos falta), é como se invejassem a nossa carência e ainda se arvorassem nos melhores críticos do sistema que os financia; ao darem de ombros a tudo o que nos falta, são, no fundo, pequenos burgueses radicalizados e reacionários". Igualmente me perguntei se o pessimismo de Bianchi não é coisa de branco ilustrado e culpado; se, na prática, ele não responde a seu tempo com o sarcasmo e o imobilismo dos cínicos.

E então me dei conta de que as minhas dúvidas qualificavam as quatro obras, exemplos de grande cinema. Tecnicamente competentes, não abrem mão de ser documentos e testemunhos de sua época. Enquanto for este o equilíbrio do mundo, o bom cinema americano deve buscar franjas de humanidade fora do estrito universo do consumo. Enquanto for este o equilíbrio do mundo, o bom cinema brasileiro deve buscar franjas de humanidade fora da "miscigenação bundalizada" oficial de Tietas e Orfeus, esses morenos brejeiros que mendigam a atenção caridosa dos brancos do Norte para a nossa suposta e particular sensualidade.

No fim das contas, é razoável que cineastas do império façam como Virgílio, para quem Roma já parecia insuportavelmente buliçosa — daí ter-se refugiado no pastoralismo das *Bucólicas* e no ruralismo das *Geórgicas*. A fantasia era regressiva, sim, mas não reacionária. Como também é razoável que cineastas da periferia inviável, dado o modelo, não abram mão de sua história nem façam da esperança o outro nome do conformismo.

Cinema político
O direito a uma alma*

Vi *Cidade de Deus*, de Fernando Meirelles. Gostei. Vi *Carandiru*, de Hector Babenco, um dos bons cineastas do mundo. Gostei também, a despeito de algumas reservas que só têm relação com o ritmo da narrativa. A crítica segundo a qual ambos os filmes são lenientes com a violência e tentam estetizá-la, endeusando a bandidagem, é coisa de gente botocuda, que supõe (ou faz de conta que supõe) que um filme deva ser dirigido como um tribunal, resguardando o direito de defesa.

Cineastas, a exemplo de romancistas e quaisquer outros artistas, têm o direito de eleger à vontade seus bandidos e heróis. Devem satisfações apenas a si mesmos e a seu público. A obra de arte não tem nenhuma obrigação de ser moral, justa ou ética. Aliás, até prefiro que não seja. A sordidez costuma ser um terreno mais fértil para as paixões humanas do que os bons sentimentos. Daí o "belo horrível" de Mário de Andrade, lembram-se? Gente normal é agradável à convivência, mas raramente sustenta mais de um parágrafo interessante ou uma seqüência que nos mantenha presos à poltrona.

De todo modo, confesso que minha tolerância com dramas sociais no cinema atingiu o ponto de saturação com *O Homem do Ano*, de José Henrique Fonseca. Talvez o fato de o filme ser muito ruim — porque esquemático, óbvio, com soluções quase primárias — tenha contribuído para minha inquietação. À saída do cinema, comentei com a minha

---

* Originalmente publicado na revista *Bravo!* nº 72, em setembro de 2003.

mulher: "Ou ressuscitamos Walter Hugo Khouri ou voltamos a Glauber Rocha. Ou os dois. Chega do social a meio-pau no cinema brasileiro".

E, bem, para indignação de muitos, sei, se eu tivesse de optar, ressuscitaria o economista moral de nossas tristezas e melancolias de classe média, o cineasta que tentou nos doar uma alma, alguma complexidade que não fizesse da geografia destes tristes trópicos uma espécie de destino: Khouri.

Avanço ainda um pouco, tentando costurar os dois fios condutores deste texto: Glauber e Khouri. O primeiro nos legou uma tradição do cinema como retrato do Brasil, como discurso sobre o social, disposto sempre a oferecer respostas globais para problemas globais — não por acaso, uma quase-logorréia em sua obra coincidiu com o silêncio do discurso político oficial. Vale dizer: o cinema, como exercício da parcela consciente da elite, tomava o lugar da política como o *locus* dos conflitos. Khouri, coitado!, apeado da compulsão de oferecer respostas para os destinos do Brasil, parecia preso apenas ao "inútil de cada um" (Mário Peixoto), operando no limite do bom gosto, do bom senso, do socialmente aceitável. Então não é assim? Estamos dispostos a procurar sempre as origens sociais que explicam o gesto extremo do assassino, mas repudiamos quase sempre que o crime possa ter uma motivação psicológica. Somos todos, em maior ou menor grau, servos morais do sociologismo. Infelizmente!

Reparem: não busco aqui fazer uma oposição entre Glauber e Khouri, forçando o leitor — ou espectador — a fazer uma opção. Nada disso. Infiro que Glauber atingiu, com efeito, o limite tanto das nossas ilusões redentoras como de nossa grande dor. Como não ver hoje *Terra em Transe* (1967) e lhe conferir virtudes verdadeiramente visionárias, premonitórias? Visto no detalhe, à cata de emblemas da razão moderna, encontraremos ali uma espécie de dissecação do governo Lula.

O filme nos traz, aos que temos alguma ambição de compreensão global do problema, uma espécie de conforto intelectual, moral: reconhecemos o populista vulgar que mobiliza os camponeses e os pobres e depois os trai miseravelmente, o político que se abraça, à socapa, à insígnia fascista, o político inescrupuloso que sonha com o poder total naquele antiutópico Eldorado e, finalmente, o poeta Paulo Martins (o grande Jardel Filho), o homem que encarna, em iguais proporções, todas as ilusões e todas as impossibilidades.

O embate ideológico chegava, ali, a seu paroxismo. Um ano antes do AI-5, que então condenaria o país ao silêncio, Glauber parecia antecipar, extremando-o, a inutilidade do conflito ideológico, a impossibilidade do diálogo, que, ironicamente, se faz na fusão de Villa-Lobos, o nosso "índio erudito", com o candomblé do crioléu. No fim, simbolicamente, morremos todos. E o país entraria em hibernação não demoraria muito tempo. E por ela estamos pagando até hoje. De certo modo, *Terra em Transe* permanece congelado, como emblema, em nossa história e em nossa memória. É preciso revê-lo.

O cinema da violência explícita logrou substituir a visão totalizante de Glauber, do intelectual que fala "para" e "sobre" as massas, pela ilusão de que o diretor poderia ter a idéia na cabeça, mas a câmera seria passada, simbolicamente, para as mãos dos oprimidos. Não mais idéias gerais, não mais anseios épicos — ainda que fragmentados pela fúria narrativa glauberiana —, mas pequenos delírios do oprimido, tão líricos como reprimidos. Se quiserem saber, até ganhamos em estrutura narrativa, mas perdemos em visão de mundo. O cinema da violência se esgotou e não deixou nada atrás de si. A rigor, não tinha uma idéia na cabeça, mas apenas algumas piedades à mão.

E Khouri? Ah, este restou sozinho, como se gritasse desesperadamente ao mundo que o Brasil — ou, para ser preciso, os homens e mulheres que, por acaso, estão no Brasil — também tem direito a uma alma, a complexidades espirituais, que, como diria Fernando Pessoa, "também há universo na Rua dos Douradores". Nessas horas, não há como não me lembrar de uma passagem da trilogia de Isaac Deutscher sobre a vida de Trotsky (*O Profeta Armado*, *O Profeta Desarmado* e *O Profeta Traído*). Na visita que o mais brilhante da geração revolucionária fez a Lênin, em Londres, este ia mostrando àquele os monumentos da cidade: "Esta é a igreja deles, esta é a ponte deles, este é o monumento deles". "Eles", bem entendido, eram os burgueses. Lênin sonhava com uma arte também revolucionária, uma arquitetura também revolucionária, uma cultura também revolucionária...

Trotsky se deixou impressionar, mas não emburrecer. Evidenciou em muitos de seus textos que a arte não obedece àqueles critérios do tão entusiasmado como equivocado Lênin — equívoco que ainda hoje nos custa caro, já que "o social" na obra de arte passou a ser encarado como uma espécie de condição necessária para a sua expressão. Não é! Nem necessária e menos ainda suficiente. O discurso político, que é aquele destinado a articular as questões sociais, será sempre — e deve ser mesmo — um discurso de chegada, pronto a oferecer respostas. Mede-se pela eficiência das medidas que propõe e é capaz de executar. A arte, e aí incluo, é claro!, o cinema, segundo esse estrito ponto de vista, não serve para nada. Já me preparo para levar as porradas de sempre, mas a verdade é que o único compromisso sério de um artista, na sua expressão, deve ser com seu próprio trabalho, com suas próprias obsessões, com sua própria loucura.

Glauber, de algum modo — nem sempre (relevo sobretudo *Terra em Transe*) —, foi um ponto fora da curva. Atingiu o máximo do discurso social sem abrir mão de uma gramática que atendia só e somente só à arte pela arte. Mas ainda falava uma língua reconhecível como própria destes tristes trópicos, que parecem destinados a expropriar o homem de sua individualidade, condenando-o à condição de não mais que um "ser social". Khouri nos lembrava de nossas falências, nos trazia Camus de volta, nos rememorava que o suicídio é a única questão filosoficamente relevante. Vejam *Terra em Transe*. Vejam *Noite Vazia*, que data, diga-se, do ano da graça de 1964. Ah, os caminhos insuspeitados do discurso político!

O resto já passou e não fez história.

As Invasões Bárbaras
O fim da esquerda*

Já se falou e já se escreveu sobre *As Invasões Bárbaras*, o filme do canadense Denys Arcand. E não pretendemos entrar atrasados no tema ou dizer qualquer coisa necessariamente inédita a respeito. Fiquemos em algumas considerações relacionadas antes à nossa vida doméstica. De certo modo, a obra é oportuna para o momento que vive a sociedade brasileira, ainda que, à semelhança de *O Declínio do Império Americano* (1986), do mesmo diretor, seu alvo pareça ser antes as saídas individuais, e não as coletivas.

Desde *O Declínio...*, Arcand se move na esfera das desilusões e do fracasso das utopias. À diferença do que queria certo cantor de rock, demonstra que "um sonho que se sonha junto" pode ser nada além de delírio coletivo e de manipulação política. O território do sonho, da vontade, da originalidade é e será sempre privado, restrito ao indivíduo. Não há ilusões redentoras que possam abrigar o poço sem fundo de nossas vontades. Quem assistiu ao filme sabe do que aqui se diz: quem ainda não viu não terá o desprazer de ver a fita aqui relatada. Mas é forçoso que se diga alguma coisa a respeito da narrativa.

As Invasões... flagra um intelectual de esquerda, Remy (Remy Girard), no fim da vida, acometido por um câncer incurável. Sua ex-mulher, Louise (Dorothée Berryman), e filho, Sébastien (Stéphane Rousseau), este um rico operador do mercado financeiro, resolvem reunir seus

---

* Originalmente publicado no site *Primeira Leitura* nº 1050, em 17 de janeiro de 2004.

amigos íntimos — todos eles personagens de *O Declínio...* — para viver ao lado do doente os últimos dias. A circunstância é a mesma do filme anterior, com a diferença de que, naquele caso, o pretexto para o encontro era festivo. Nos dois casos, a arrumação de Arcand é mero pretexto para que as personagens falem sobre sexo, família, livros, teorias políticas, esquerda, direita, socialismo, capitalismo, declínio da civilização, políticas públicas — o emaranhado de temas que constitui o dia-a-dia de cidadãos da classe média urbana bem informada. O nosso, leitor.

Em 1986, pré-11 de Setembro, o que vemos são canadenses bem-nascidos, críticos do *establishment*, a fazer pouco da chamada cultura ocidental. Arcand parece seguir a máxima, repetida no filme, de que o hedonismo (a que todos se entregam), a preocupação excessiva com os prazeres mundanos, precede a era do declínio dos impérios. E o diretor usa e abusa de todos os clichês das utopias de esquerda para fazê-los morrer numa piada desconcertante, num chiste cínico. A crítica, em suma, nada tinha de virulenta. Desiludida, sim, mas divertida.

Já *As Invasões Bárbaras* — a expressão é recorte da fala de um especialista ao analisar os atentados terroristas — traz consigo o vírus da tristeza, da melancolia, de uma certa sensação de que, qualquer que seja a saída, o mundo caminha para pior. Se *O Declínio...* tinha algo de, vá lá, voltairiano, o segundo filme se parece antes com um breviário de muitas decomposições, está mais para Cioran — a lombada de um livro do autor aparece em close na tela. O humor, antes cínico, desta vez, é francamente triste.

Arcand não se intimida, ao menos em três grandes momentos do filme, em prender na garganta o choro do espectador. E é isso mesmo: o diretor parece não buscar a lágrima corrente, que flui, que limpa os olhos e desobstrui o esôfago. Não há, em *As Invasões...*, esse momento de catarse, que suspende a inteligência. Mesmo confrontado cada um com sua verdade íntima, parece haver uma terceira voz — que não é a nossa nem a do filme — a dizer: "Não seja ridículo. O mundo é o que é".

Nas franjas do que há de debate público no filme, a esquerda, não tem jeito, sai perdendo. As saídas coletivistas ensaiadas mesmo no capitalista Canadá se evidenciam fraudulentas: o hospital público é um pardieiro, os sindicalistas são bandidos, os administradores estatais são burocratas venais. A redoma impenetrável com que essa gente imobiliza a sociedade só é rompida por Sébastien, "filho de mercado" do esquerdista moribundo. E ele o faz comprando, corrompendo, subornando. E age sem demonstrar qualquer sinal de indignação ou de contrariedade. No seu mundo, no ambiente dos mercados, do frenético jogo do ganha e perde, o procedimento parece corriqueiro, regular, caído da árvore da vida. É, como diz o seu próprio pai num momento de desabafo aos amigos, o "príncipe de uma nova Idade Média". A nova Idade Média criada pelas invasões bárbaras. Será o mundo de Sébastien muito melhor?

Mas há, sim, leitores, mesmo nesse ambiente, uma centelha de esperança, que se dá na relação entre o jovem executivo e, curiosamente, uma viciada em heroína, Nathalie, vivida por Marie-Josée Croze, que ganhou o prêmio de Melhor Atriz em Cannes. Mais não avançamos para não sabotar os que ainda não viram o filme. É esta cena que arremata e confirma uma suspeita presente já em *O Declínio...*: se existe saída, ela está na esfera individual. O coletivo nada mais é do que uma eterna luta renhida. Sem desfecho.

Cidade de Deus
O Oscar e misérias*

Estive entre aqueles entusiastas iniciais do filme *Cidade de Deus*, do muito competente Fernando Meirelles. Entrevistei-o para uma matéria de capa da revista *Primeira Leitura*, de setembro de 2002. Fiquei muito bem impressionado. O diretor fala como um cidadão comum, que teve, porém, mais informação do que a média das pessoas. Não é um demiurgo, só um diretor de cinema. Coisa rara. Não há nele certo desejo de refundar o país e o mundo a partir do cinema, o que, convenhamos, é algo típico de cineastas, de alguns em particular, cujo pensamento parece chegar a desvãos nem sonhados por Schopenhauer, embora seus filmes sejam sofríveis e mal consigam uma sintaxe que remotamente lembre a língua portuguesa que se fala de fato, ainda que se relevem todos os particularismos de educação, classe e formação intelectual.

Esta é ainda, entendo, a principal fragilidade do cinema brasileiro: falta de fluência da fala e diálogos inverossímeis. A entrada em massa de diretores oriundos da TV tem mudado um pouco aquele viés discursivo que parecia sempre em descompasso com o tempo da cena. Com estes, no entanto, o drama vai-se aligeirando. Ganha-se aqui, perde-se ali.

O filme de Meirelles foi indicado para o Oscar em quatro categorias. Até onde o prêmio é uma distinção, será merecido se vier.** Algo,

---

* Originalmente publicado no site *Primeira Leitura* nº 1060, em 29 de janeiro de 2004.

** Em 2004, *Cidade de Deus* foi indicado ao Oscar nas seguintes categorias: Melhor Diretor, Melhor Edição, Melhor Roteiro Adaptado e Melhor Fotografia. As três primeiras foram vencidas pelo filme *O Senhor dos Anéis: O Retorno do Rei*, de Peter Jackson. O filme *Mestre dos Mares*, de Peter Weir, levou o prêmio de Melhor Fotografia.

no entanto, começou a me incomodar enquanto fazia cá o meu balanço particular das justiças e injustiças do mundo. Havia considerado, e escrevi a respeito, que o seriado *Cidade dos Homens*, da TV, já a partir do título, banalizava a obra de Meirelles e introduzia, *ex post*, um viés populista num filme politicamente impecável na distribuição de bondades e maldades.

Na TV, o morro traz retintos embriões fervilhantes de uma nova era; o asfalto, pálido também de espanto, experimenta a reta final da decadência. Antes que siga, faço aqui uma observação: não li o livro de Paulo Lins, em que a fita se inspira. Considerando as entrevistas que o escritor andou dando por aí, inclusive por ocasião das indicações para o Oscar, não lerei. Esnobou a distinção e deixou claro que importante mesmo foi a premiação no Festival de Havana.

Isso não é nem comparação objetiva nem juízo técnico; é pura expressão de um viés ideológico que é cruel com a valente população da ilha, especialmente quando, vivendo no Brasil como um cubano rico em Miami, pode preferir Cuba aos EUA sem qualquer risco.

Lins — que, por aqui, desanca o "sistema" e denuncia a canalhice das nossas elites, no que faz bem — deveria pegar o telefone e ligar para o seu colega Pedro Juan Gutiérrez, eminente escritor cubano (eu não gosto...) que enfrenta a patrulha comunista em Havana, embora as questões mais polêmicas de que trate em seus livros sejam aquelas ligadas aos embates intrafemurais (é impressionante que se considere que sexo ainda pode render boa literatura). Uma chatice só, em suma, mas que seja livre. Ademais, o escritor brasileiro faz pouco de dezenas de artistas como ele que, à diferença dele, estão presos em honra e glória do "poder popular".

Jamais me descolei do filme de Meirelles. Pretendo que aquela aparente digressão dos parágrafos anteriores já desenhe o ambiente em que certo debate se dá no país. Volto aos incômodos. Vizinha daquela minha restrição ao seriado, ficou a repulsa ao tom triunfalista, beirando a patriotada, de dois jornais de TV ao anunciar as indicações para o Oscar. Ao lado das digitais do deslumbramento subserviente e cafona, havia certo orgulho derivado da revelação: *Cidade de Deus*, enfim, seria a síntese perfeita do que é e tem sido o Brasil em todos os tempos.

Ali não estava uma avaliação da obra, mas a expressão do espírito de uma era. O filme de Meirelles, que tem o grande mérito de não deificar a marginalidade nem santificar a pobreza; que evita fazer a antropologia da reparação, abstendo-se de descobrir novos impulsos civilizatórios onde o que falta mesmo é Estado, emprego, escola e hospital; que declina do clichê de baixo lirismo de encontrar românticos Orfeus no meio do caos, esse filme é lido como mais um recorte de um tempo em que o Brasil se encontra com as suas verdades. Tornava-se, ali, metáfora e metonímia do petismo, uma espécie de alegoria do discurso de Lula na Índia, em que só faltou refundar o Movimento dos Países Não-Alinhados. A exortação para tanto ele fez.

Algo de muito, muito interessante está em curso. E é aqui que eu sempre pretendi chegar: ainda oferecemos manifestações de cultura bundalizada no aeroporto para americanos injuriados com o fichamento — é o que entendemos por "reciprocidade" —, ainda batemos bumbo e sambamos nos estádios mundo afora, onde quer que a seleção brasileira se apresente; ainda somos verdadeiros fatalistas da culinária e realmente cremos que não há ser humano "neste planetinha" (o *copyright* dessa intimidade com a Terra é de Lula; sinto-me obrigado a dar as aspas e o crédito) que consiga resistir a feijoada com caipirinha (só de pensar, baixa o meu estoque doméstico de Omeprazol), ainda isso tudo, mas um valor mais alto se alevanta, como diria o bardo caolho.

Estamos descobrindo o valor dos nossos molambos, o potencial exportador de nossas carências, a sedução e o fascínio de nossa barbárie, de nossa tragédia social. Tanto descobrimos, que o presidente Lula deve ter considerado, na campanha, que 25 milhões de esfomeados no país era pouca coisa: tascou logo 50 milhões. E a farsa numérica prosperou. O número só voltou aos 25 milhões originais — e é mentira que todos passem fome; deve ser apenas uma minoria — quando se descobriu que não havia Orçamento nem para eles, o que não dizer para o dobro deles...

É mesmo uma pena que *Cidade de Deus*, que rigorosamente nada tem a ver com esse triunfalismo da barbárie, esteja sendo contaminado por esse espírito, por essa *commodity* (a mais exportada depois da soja) cultural, que inclui ainda Gilberto Gil cantando Bob Marley na Índia dos brâmanes e das ogivas nucleares. E este lamento nada tem de torcida contra a premiação. À diferença de Lins, eu acho o Oscar mais importante e virtuoso do que o Festival de Havana.

Falei outro dia de Gonçalves Dias, autor de "Canção do Exílio", talvez o mais conhecido e popular dos poemas brasileiros. Fora do Brasil, a voz lírica do texto canta as glórias do país. Teríamos mais estrelas, mais flores, bosques com mais vida, vida com mais amores. Entusiasmado, faz até a sabiá cantar em palmeira (ou o passarinho ou a palmácea ou ambos estavam fora do lugar. Vá lá, o que importa é a evocação nacionalista). Em breve, os exilados de agora — nem que sejam os da razão — hão de evocar a fome, a exclusão, a miséria, a violência, não para denunciá-las, como nos tempos do CPC da UNE, mas para vendê-las ao mundo como traços genuínos de nossa efervescência cultural, política, ideológica.

Meirelles está bem longe desse pântano político e moral. Mas já foi engolfado.

Diários de Motocicleta, de Walter Salles
O bom selvagem*

Diários de Motocicleta, de Walter Salles, celebra o encontro de alguns dos mais caros clichês da esquerda cultural, ora explícitos, ora apenas sugeridos por aquilo que se sabe da história (não a das telas, mas a outra). O filme conta a viagem que o então jovem argentino Ernesto Guevara, o Che, empreendeu dos pampas argentinos à Venezuela, passando por Chile, Peru e Colômbia. Estamos em 1952, sete anos antes da Revolução Cubana. Viajou em companhia do amigo Alberto Granado e escreveu um diário da aventura que serve de fonte para irrigar o roteiro, a narrativa e nossos sonhos juvenis. Num filme que tem tudo para apaixonar as platéias mundo afora, a América Latina deixa a vida para entrar no mito.

Fundem-se o clichê da rebeldia sem causa (um *road movie* afinal), o da ousadia romântica e o da revolta política. E é essa terceira matriz a verdadeira doadora da legitimidade da obra, embora não apareça na tela. Se Che, depois da viagem, tivesse ido criar galinhas, quem se interessaria por ele? Esperto, Salles consegue sustentar, com o pilar ausente e sempre presente da Revolução Cubana, o tal "olhar humano" sobre a personagem. Olhares humanos não dividem pessoas. Revoluções, sim. Daí que a mensagem política apareça liofilizada em lirismo narrativo.

Não é um procedimento novo na obra do diretor. Se agora se vê o bom selvagem da motocicleta, via-se em *Central do Brasil* a oposição

---

* Originalmente publicado na revista *Bravo!* nº 80, em maio de 2004.

simplória entre o campo e a cidade, entre a vida comunitária e a impessoalidade das metrópoles, entre a violência e amoralidade do Brasil mercadista e a pureza telúrica do país que se guardou de cair na vida. A "volta ao interior" do menino de *Central...* tem um quê de regressivo e de utópico no sentido rigorosamente negativo: aquele sertão é o "lugar nenhum" da economia política. Esse país descolado do outro, do oficial, que é o *locus* edênico da ficção, é, na realidade, a pátria abandonada, onde o que falta é justamente mercado.

Mas e daí? Se Salles fosse um revolucionário, o dilema se resolveria na luta de classes. Como é só um cineasta lidando com valores pasteurizados da esquerda, sua resposta é um anódino "só o amor constrói". No filme, há a tentação óbvia de fazer o garoto órfão de mãe encarnar o destino do país. Pior para nós se o diretor estiver certo: afinal, não há um "pai" para salvar o Brasil. No caso de Che, a história havida, e não a idealizada, se encarregou de tornar mais cruenta a solução amorosa.

Em *Diários de Motocicleta*, vê-se aquela que é a gramática do autor, pouco importando a natureza do apelo ideológico: a câmera lambe a paisagem em longos planos, onde transitam personagens que tangenciam essencialidades, com falas que querem mais "significar" do que comunicar um conteúdo reconhecível. O conjunto compõe um mural de geografia física e humana na qual parece palpitar uma verdade ainda a ser descoberta, a ser desentranhada da pedra, da mata, do céu, e então lapidada. O diretor nos desvela "O Homem" e "A Terra". A verdadeira gema que buscava, Guevara a encontrou em Cuba, onde experimenta "A Luta".

Nascido em 1928, Guevara tinha, à época, 24 anos. Um pouco taludinho para ser só um Jacinto ou Cândido perdido na paisagem. Mas esse é outro clichê que seduz. As muitas biografias-panegíricos do revolucionário, somadas a seus diários, ajudaram a criar a farsa de que ele não se distinguia de um de nós. A realidade à sua volta, as circunstâncias, as injustiças sociais em sua própria matriz, no entanto, teriam forjado a têmpera do futuro revolucionário. Se a ideologia é uma escolha racional, no caso de Che, ela surge como revelação. Aquele belo jovem a olhar impávido o futuro da humanidade na foto de Alberto Korda, que deve ser a mais reproduzida da história — não raro, acompanhada do famoso adágio sobre como endurecer sem perder a ternura (o que bem poderia ser a divisa de uma forma de sadomasoquismo político) —, seria nada mais do que o resultado óbvio de umas tantas variáveis determinadas pelas leis da natureza e da sociedade. O Che revolucionário brota dessa conspiração de fatores como um resultado necessário e inescapável.

Em dois momentos, entre muitos, Salles cede à tentação. Num leprosário no meio da selva amazônica, em San Pablo, na Venezuela, o quase-médico Guevara trata os acometidos da doença, ainda que não contagiosa, sem a proteção das luvas, contrariando as freiras que cuidavam do lugar. Em outra situação, enfrenta um rio a nado para chegar aos doentes. Quem ali praticava alguma forma de ciência? O médico ou as procuradoras de Deus? Como quer a revista *Variety*, o filme atende ao gosto de quem não tem inclinação política na medida em que se prende aos relevos humanos da personagem. Mas quem disse que a ideologia precisa falar a linguagem explicitamente política para se impor? De fato, é melhor até que se dispense de fazê-lo. Não posso deixar de lembrar aqui a magistral (para quem gosta) síntese de Gramsci quando fala do "partido" como o "Moderno Príncipe": "O Príncipe toma o lugar, nas consciências, da divindade ou do imperativo categórico, torna-se a base de um laicismo moderno e de uma completa laicização de toda a vida e de todas as relações de costume".

O inequívoco elogio que *Diários de Motocicleta* faz a Che e, por conseguinte (e omissão), à sua obra maior, que é a revolução, está justamente em desidratar as suas vivências do discurso político. O homem demasiadamente humano que se vê nas telas — humano, mas sem máculas, e, portanto, além-do-homem — se preparava ali para ir ao encontro de seu destino. A freira, exigindo as luvas, e Che, dispensando-as, remetem ao encontro de duas totalidades: a religião e a ideologia. Que se mostram com sinais invertidos. O cientista é que faz a sua profissão de fé no povo, sem a assepsia das luvas. A ideologia é que toma o lugar da "revelação", de que a freira deveria ser depositária.

Dirão alguns que procedo aqui a uma crítica política, ideológica, e não estética, como seria o desejável. Dos frankfurtianos a esta data, é mera militância obscurantista querer separar a gramática de uma obra de sua relevância ou irrelevância política — o que não quer dizer o assentimento para uma "arte política". Quem escolheu filmar o bom selvagem da América Latina foi Salles. Por que não as agruras do jovem Churchill? A façanha do político britânico, beberrão e recendendo a charuto, talvez nos pareça irrelevante... O fato é que não dá para dissociar o Che de Salles do "partidário do autoritarismo implacável", segundo as palavras de Régis Debray (*Loués Soient Nos Seigneurs*), seu companheiro na jornada "foquista" da Bolívia. Ainda em 1956, comandando uma das colunas de revolucionários cubanos, o homem que não temia tocar em Lázaro, Cristo pagão de nossas fantasias, manda fuzilar, sem processo, um rapaz acusado de roubar comida. Também foi idéia sua criar o primeiro campo de trabalho forçado na ilha, já em 1960.

E, então, chegamos ao clichê essencial. Guevara entrou para a história como aquele que, sendo o Saint-Just da Revolução Cubana — a metáfora é de Fidel —, dela teria sido apeado pela burocracia. Nos dois primeiros anos, a dupla Fidel-Che matou, exilou, expurgou, impôs, enfim, aquela que se consolidava como uma das mais severas e fechadas ditaduras do planeta. Nada menos de 50 mil pessoas, todas apoiadoras iniciais da revolução, haviam deixado o país no primeiro biênio do novo regime. Che não era o poeta que aparece em *Diários...* Era, sim, um de seus mais ferozes assassinos.

Ainda segundo Debray, exaltava o "ódio eficaz, que faz do homem uma eficaz, violenta, seletiva e fria máquina de matar". Danem-se os fatos. Entrou para a história como o *enfant terrible* traído. O pensamento politicamente correto não resiste ao charme da derrota. Imaginem um Che que tivesse ficado em Cuba, hoje com 76 anos, levado a defender uma ditadura decrépita, que mantém o povo na miséria e prende poetas, escritores, jornalistas e cineastas. Escreveu Fernando Pessoa: "Morre cedo o que os deuses amam". Nesse caso, os deuses do cinema amam os que morrem cedo.

E encerro de volta à última linha de meu primeiro parágrafo. O apelo final de *Diários de Motocicleta* está na suposição de que a América Latina de 2004 ainda é aquela mesma de 1952, com seus mesmos problemas. É o que nos dizem, por exemplo, João Pedro Stédile ou dom Tomás Balduíno. Eis uma fantasia influente da esquerda e dos "padres de passeata" que confere especial sabor ao filme de Salles. A ser assim, ainda surgirá por aqui um novo poeta, um novo profeta. Que Deus nos livre desse destino.

Michael Moore
O perfeito idiota norte-americano*

Michael Moore, o escritor e cineasta de *Tiros em Columbine* e *Fahrenheit 11 de Setembro*, a coqueluche de uma mídia quase sempre bronca, mal informada e acometida de esquerdismo cretino, é o exemplo acabado do "perfeito idiota norte-americano" e, por isso mesmo, movimenta, mundo afora, uma indústria de vastos milhões de dólares, o que lhe é facultado pelo "sistema" que ele adora detestar.

Já encontra seus porta-vozes e admiradores no Brasil, que também aqui demonstram ter, em economia e relações internacionais, sabedoria equivalente à do sacerdote espertalhão e midiático. Alguém falou em "sabedoria"? A indústria do entretenimento dos Estados Unidos — e Moore não é nada além disso (o que não é um mal, desde que as coisas sejam chamadas pelo seu nome) — dá provas de agilidade: até havia pouco, um "contestador" do *establishment* — real ou apenas oportunista, como é Moore — penava algum tempo antes de ser devidamente absorvido e consumido. Agora, não! Vê-se de cara o potencial econômico de um perfeito idiota.

Por que ele conquista tantos admiradores? É simples: o pensamento politicamente correto de grande parte da mídia e de boa parte das escolas dos Estados Unidos e da Europa rica acredita, como faz crer Moore, que todo ato político, em essência, reproduz a ação de Chapeuzinho Vermelho, do Lobo Mau e da Vovozinha — com as variantes possíveis,

---

* Originalmente publicado na revista *Bravo!* nº 83, em agosto de 2004.

ditadas pelas teorias da conspiração: Lobo disfarçado de Chapeuzinho, Vovozinha associada ao Lobo, contra a netinha, e por aí afora. Nos países periféricos como o nosso, a admiração deriva do fato de ele ser, afinal, um americano. A selvageria mental aprecia ver "um deles" proceder a uma forma de autocrítica.

É como se ele abrisse mão de qualidades que, no fundo, sabemos, o tornam superior para descer à planície e se encontrar conosco, os que nada podemos. Admirar Michael Moore corresponde a lamber as feridas de nossa incompetência: convalidamos a crítica que ele faz a seu próprio país e a seu próprio governo, sem nem mesmo indagar se justa ou injusta, se informada ou desinformada, se conseqüente ou não, na certeza de que um americano ainda é o melhor tanto para praticar a maldade como para denunciá-la. Não se admira a obra de Moore, num caso, sem uma profunda ignorância e, no outro, sem um enorme complexo de inferioridade.

Ao qualificar Michael Moore de "o perfeito idiota norte-americano", estou me referindo, alguns devem ter percebido, a um livro delicioso, "de direita", dizem por aí (na suposição de que isso joga de cara uma mácula moral no alvo do ataque), chamado *O Manual do Perfeito Idiota Latino-Americano*, de Álvaro Vargas Llosa, Carlos Alberto Montaner e Plinio Apuleyo Mendoza, publicado por aqui pela editora Bertrand Brasil. É uma espécie de ensaio, em tom sempre provocativo, irônico, voltairiano, listando e articulando obras e autores da América Latina que investem, entre o esquerdismo desinformado e o delírio populista, no que eu chamaria de "vitimismo triunfante". Para um vitimista do triunfo, os outros — os "imperialistas" — é que são culpados pelas mazelas do subcontinente. E tudo porque os imperialistas mandam mais do que nós e são mais poderosos do que nós. Talvez desconfiemos que sejam também melhores do que nós...

A um perfeito idiota não ocorre que somos responsáveis, como nação, por nosso destino. A primeira intenção da vítima é se livrar de qualquer responsabilidade. E o seu triunfo está em "denunciar" o "outro", na suposição de que sua superioridade foi roubada, tomada de assalto. No caso, dando nome aos bois, os Estados Unidos só seriam o que são porque se comportaram como usurpadores. À margem, anoto que os autores cometeram injustiças também. Listaram FHC entre esses latino-americanos por causa do livro *Dependência e Desenvolvimento na América Latina* (relançado pela Civilização Brasileira), escrito em parceria com Enzo Faletto e publicado no distante ano de 1969. O próprio FHC me disse, numa conversa recente, que, 35 anos depois, ainda é obrigado a desfazer mal-entendidos. Escreveu aquele livro para demonstrar que países como o Brasil — "periféricos", como se dizia na antiga Cepal — têm condições de se articular com o "centro" com vistas a seu desenvolvimento e que fazê-lo ou não é decisão sua, soberana. Os que o incluíram entre os perfeitos idiotas não o leram, vê-se. É pena.

Por que volto ao tema do "perfeito idiota" — bem parecido com o "imbecil coletivo", de Olavo de Carvalho — e troco o "latino-americano" do original pelo "norte-americano" para qualificar Moore, a coqueluche dos iletrados? Assim como seus parceiros da América Latina que viviam à caça de severos monstros da dominação ideológica, Moore se dedica a satanizar a política de seu país — na verdade, os republicanos —, com base apenas em teorias da conspiração. Quem assistir a *Fahrenheit 11 de Setembro* vai se ver diante de um desfile de "grandes questões" que poderiam, dizem, destruir Bush. É de rolar de rir. Moore quer provar a ligação do presidente dos Estados Unidos com a indústria de petróleo (bidu!), sugere conexões secretas entre a Casa Branca e os Bin Laden (menos Osama, o líder terrorista, é claro...), acusa proteção especial à família real saudita (não me diga...) e, sabe-se lá por que diabos, dá importância transcendental a supostos encontros de gente do Talibã com representantes da indústria petrolífera do Texas.

E daí? Sabe o que tudo isso prova? Lixo mental. A tese de que a Guerra do Iraque só foi deflagrada para dominar as reservas de petróleo daquele país está na exata contramão da suposta proteção à família real saudita. Por quê? Porque há muito os relatórios do Departamento de Estado — Moore sabe disto e omite o fato porque a informação não é útil a seu pentecostalismo anti-Bush — demonstram incômodo com a situação interna da Arábia Saudita. A hipótese de que os americanos estivessem interessados nas reservas de petróleo iraquianas por razões estratégicas — e não para encher os bolsos da família Bush (ou não só por isso, vá lá...) — é, sim, plausível, mas não por causa da bobajada conspiratória de Moore. E, se assim procederam, fizeram o que deve fazer um império se não quer renunciar a sua condição. Qualquer pessoa de juízo nos Estados Unidos procuraria não ficar refém do crescente radicalismo religioso da Arábia Saudita (o que não quer dizer que a invasão do Iraque fosse a saída fatal, a única). Quanto aos talibãs, a questão beira a demência: os terroristas que praticaram o atentado de 11 de setembro, planejado durante o governo Bill Clinton, tiveram acolhida no Afeganistão. E os Estados Unidos iriam à forra, é claro, no que fizeram muito bem. Ainda que Bush fosse sócio do mulá Omar na exploração de gás, nada mudaria a seqüência dos fatos. Mas e daí? Teorias conspiratórias se alimentam de ignorância e falta de lógica. É do jogo. Assim como o cineasta resolveu "politizar" um incidente com estudantes tarados que saíram atirando contra colegas numa escola, emprestando ao episódio o peso de um sintoma, de uma crise de civilização e de valores, aproveitou-se dos corpos ainda fumegantes ou então tornados poeira sob os escombros do World Trade Center para propor a sua cantilena anti-republicana.

Não aprecio a política de Bush. Considero-a contraproducente. Creio que o presidente dos Estados Unidos facilita justamente a emergência de palhaços retóricos como Michael Moore e concorre para que tiranos como Saddam Hussein e culturas e/ou religiões autoritárias e regressivas, como o islamismo, possam reivindicar o estatuto de resistência e alternativa. Creio, em suma, que Bush é um defensor desastrado e ineficiente dos valores ocidentais. Sem querer, o atual presidente dos Estados Unidos o que faz é fornecer argumentos para todos os inimigos da democracia, que andavam sem ter um cálice que os unisse desde o fim do comunismo. Encontram agora o islamismo e seus subprodutos. Não por acaso, um esquerdista como Octavio Ianni via no terrorismo islâmico nada mais que um ato de resistência e uma forma de luta política. Não estava sozinho no disparate.

Moore é uma peça dessa equação. Assim como a democracia e o Ocidente tiveram, no passado, de lidar com os inocentes úteis (e culpados) que exigiam, do lado de cá, a liberdade de culto ideológico (para tentar depor o regime, calculem!) que seus orientadores espirituais negavam do "lado de lá", mais uma vez, ganha força um movimento de aparente contestação que nada mais é do que rendição à lógica dos que detestam, "do lado de cá", não a truculência, mas justamente a liberdade. Até que não haja um Michael Moore no mundo islâmico, a democracia, mesmo a dos ditos falcões, continuará a ser um regime superior.

Quanto ao fim de Bush... Bem, se a economia continuar claudicante, até pode ser que quebre a cara. Caso se recupere, assistiremos a mais quatro anos ao menos das reinações de Michael Moore, que continuará a alimentar o mercado com conspirações sempre novas. John Kerry, o senador do catchup, já percebeu o risco. Por isso escolheu John Edwards para vice: precisava de um "republicano" em sua chapa. Bom para Moore, que continuará a receber em dólares o peso correspondente às tolices que profere e, claro!, dizendo-se perseguido pelos conservadores. Esse rapaz é mesmo um prodígio do modelo americano!

Tenda sem milagres*

Muito se fala do renascimento do cinema no Brasil. Será? Com exceção de Walter Salles, Hector Babenco e mais uns dois ou três (além de alguns que se querem alternativos ou porque lhes falte financiamento ou porque lhes sobre folclorização da precariedade técnica), tudo o mais parece subproduto da televisão. E não há aqui nenhum preconceito. A TV Globo é uma das melhores do mundo e já produziu obras memoráveis, que flertaram menos com facilidades do que a maioria dos filmes dessa fase "renascentista". O chato é que o pior da televisão é que está ganhando o formato de longa-metragem, e *Redentor*, de Cláudio Torres, não me deixa falar no vazio. Não tem jeito: há milagres que não acontecem.

Vamos a algumas considerações até que volte ao filme. Chegamos a ter um cinema brasileiro com as chanchadas, uma soma de cacos de musicais americanos e teatro de revista, com puritanismo de menos e tropicais manemolências a mais. A fórmula funcionava, e a bilheteria financiava o espetáculo, dispensando o leite de pata do Estado. Ríamos de nós mesmos, de nossa mixuriquice, de nossa malandragem. Contam-se nos dedos, e sobrarão dedos, os filmes dessa fase que aspirassem a alguma forma de naturalismo, de representação do real, ou de apreensão poética da realidade. No entretenimento (e cinema, na origem, é isso), optávamos pela farsa e pelo burlesco. Não tivesse a experiência sido interrompida, teríamos aprendido até a sapatear...

---

* Originalmente publicado na revista *Bravo!* nº 86, em novembro de 2004.

Embora contemporâneo ao movimento, mas anterior na linguagem, *O Pagador de Promessas* (1962), de Anselmo Duarte, anunciava o triunfo iminente do Cinema Novo. A gravidade do teatro de contestação, e não mais as coristas (que pena!), chegava ao cinema. Já não dava mais para rir com as bobagens do maravilhoso Zé Trindade, um verdadeiro precursor de Lula na profundidade filosófica. No universo estrito do cinema, era a vez de Zé do Burro denunciar a alienação das chanchadas e nos cutucar a consciência. Havia, dizia-se ali, um Brasil arquiconservador, reacionário, que precisava ser relatado, sair das sombras. Nunca mais fomos tolos e felizes. E esse país seria, finalmente, analisado, politizado e dado por perdido nos filmes de Glauber Rocha.

Aí, então, o cinema já reivindicava mesmo a condição de (re)organizador da mentalidade brasileira. Com Glauber, era chegada a hora de pensar os impasses do país, o nosso renitente subdesenvolvimento econômico e cultural, os choques entre o rural e o urbano, o profano e o sagrado, o moderno e o arcaico, o povo e as elites, o nacional-popular e o universal, o populismo rasteiro e as alternativas racionais de desenvolvimento. Um choque, em suma, entre o coronelismo nativo e a Cepal. O poeta Paulo Martins, de *Terra em Transe* (1967), já no pós-golpe e no pré-AI-5, era a encarnação de todas essas contradições, mas somada ao desespero. Glauber era mesmo um visionário.

Embora, confesso, eu prefira um cinema de outra matriz, mais intimista e menos pretensioso (já declarei minha admiração por Walter Hugo Khouri em cinema e Gilberto Freyre quando quero sociologia nativa), a verdade é que os confrontos que Glauber propunha tinham, inegavelmente, a cara do país, este mesmo que elegeu tanto FHC como Lula, que, enfim, lembrando um texto do filósofo Sérgio Paulo Rouanet, divide-se entre a antropofagia dos tupinambás — universalista, nômade, pouco apegada às raízes, voltada para o mundo — e a antropofagia dos caetés: autocentrada, autóctone, orgulhosa de sua pequenez. Temo, às vezes, que os caetés tenham vencido. Mas pode ser só o zunido do espírito de um tempo que ainda vai passar.

Não sei se notam o percurso: saímos da galhofa macunaímica (o chanchadeiro Grande Otelo foi Macunaíma no filme homônimo do cinema-novista Joaquim Pedro de Andrade, em 1969), percorremos alguns caminhos da denúncia social de apelo naturalista e, finalmente, caímos nos paradoxos da poesia desesperada de Glauber, freqüentemente genial, mas pouco preocupado em organizar uma narrativa. Ele, afinal, pensava à moda de um poeta, por símbolos, por imagens (refiro-me aos tropos da literatura, não à fotografia do cinema). Não à toa, *Terra em Transe* traz versos de Mário Faustino: "Não conseguiu firmar o nobre pacto/ Entre o cosmos sangrento e a alma pura./ (...)/ Gladiador defunto mas intacto/ (Tanta violência, mas tanta ternura)".

É curioso que assim seja, mas é verdade: um país de grandes prosadores (pelo menos até Graciliano Ramos), de excelentes autores de novelas, de bons dramaturgos raramente conta uma história relevante no cinema ou cria uma personagem que conduza uma visão de mundo, que consiga encarná-la e revelá-la em seus atos cotidianos. Percebam como, com as exceções de sempre, o cinema brasileiro é despido de uma atmosfera que torne naturais os diálogos, que os faça fluir de maneira óbvia e verossímil. Quando não se é pernóstico, tenta-se achar poesia na banalidade. Numa cena de *A Dona da História*, de Daniel Filho, ao brigar com o marido, a mulher ralha, meio histérica: "Você gosta de coxa de galinha, e eu, da asa" (ou o contrário, sei lá). Não é *Zorra Total*. É nosso cinema querendo fazer poesia miúda, do cotidiano. Reparem bem: se isso é uma tentativa de apreensão poética, é um lixo; se é busca de verossimilhança, é uma tolice: ninguém, a menos que mereça ser internado, diz uma coisas dessas.

Glauber tem alguma culpa, involuntária, no cartório: seu cinema, sem dúvida, nasce do Naturalismo, aproveita-se de seus recursos, mas os estoura para desaguar em enigmas e dilemas poéticos. Como expressão maior do cinema brasileiro, sempre mandou a narrativa às favas. Não criava propriamente personagens, tipos, mas arquétipos. Pensemos o Eldorado de *Terra em Transe* como metáfora do Brasil, e, de imediato, duas leituras consistentes e antitéticas se apresentam, ambas ancoradas no filme: uma revolucionária e outra reacionária. Nesse filme, o povo não é melhor do que suas elites. E Antônio das Mortes de *Deus e o Diabo na Terra do Sol* (1964)? Era bandido ou herói? Utopia e distopia se entrelaçavam a um só tempo. Mas era um pouco demais para nós, o que forçou um recuo à simplicidade.

Glauber conseguiu transitar do naturalismo para a poesia, para a pura simbologia, as alusões, as metáforas, os apelos freqüentes ao Surrealismo porque, em última instância, o que reunia e redimia seus delírios, seus bons delírios, eram os étimos políticos de seu discurso. Podia se dispensar, naquele caos ambulante e loquaz de idéias claras, do ordenamento naturalista, avançando para a metaforização porque era possível acompanhar quase sempre a sua etimologia política. Ainda que o resultado fosse paradoxo e irresolução. Mas quem disse que filmes existem para dar respostas? Havia inteligência e requinte intelectual em sua obra, ainda que ela pudesse ser, às vezes, terrivelmente aborrecida.

E *Redentor*, de que prometi falar? Pois é! Não pretendo chatear quem ainda não viu o filme — e tem de ser visto —, menos ainda aborrecer os que viram e gostaram. Sem ser uma apreensão naturalista da realidade (já que não conta uma história verossímil, crível, convincente, embora apele à metafísica influente da hora: retratar o povo como supostamente ele é), também quebra a cara na fantasia. Se, depois de algum tempo, percebemos ser inútil buscar personagens que encarnem uma visão de mundo, disparamos o recurso nº 2 do espectador aplicado: vamos à caça dos símbolos, das metáforas, das alegorias. A terceira opção, lembram-se?, aquela que a chanchada nos oferecia (só o divertimento), ficou perdida no tempo.

Ora, por que saímos caçando metáforas em *Redentor* como quem caça borboletas? Porque somos generosos com o diretor e partimos do pressuposto de que ele está, sim, nos propondo alguns enigmas. Não é possível que tenha nos chamado ao cinema para contar a história de um pobre jornalista pobre que passa a vida sendo enganado e esmagado por um amigo salafrário que dá golpes milionários. O pobretão acaba compactuando, numa determinada hora da trama, com uma safadeza que o outro lhe propõe, mas sua carreira na esperteza é interrompida por uma pulsão mística: o próprio Cristo fala com ele e lhe dá uma tarefa, a exemplo do que fez com Saulo de Tarso na estrada de Damasco. Sua sorte desanda. Mas o filme ainda se segurava.

Ao fim de tudo, vocês viram ou verão, o que poderia ser uma crítica, vá lá, ao messianismo político e à suposta bondade inata desse povo "que é brasileiro e não desiste nunca" se transforma numa pantomima. Insisto: tenho o direito de caçar borboletas e metáforas se a narrativa escolhe o caminho do fantástico. Na verdade, como espectador, é minha única saída, a menos que leve a sério aquela maluquice como representação do real. Tudo o que havíamos construído, cheios de boa vontade, para conferir alguma unidade simbólica ao que é pobre como narrativa e fluido como apreensão poética da realidade, se esvanece diante de uma concessão absolutamente inaceitável ao moralismo boboca.

Parece, em suma, que quem vai ao cinema para ver Pedro Cardoso no papel de Pedro Cardoso, Miguel Caco Antibes Fallabela no papel do próprio e Camila Pitanga representando, não me digam!, uma gostosona, embora malsucedida, não pode sair da sala com algum incômodo a lhe cutucar a consciência. A parvoíce chega ao ponto de um chefe de redação impor ao repórter, aos gritos, uma matéria de jornal: "Ou isso ou ru-a". Sabem o tipo de chefe que escande dissílabos? Não dá!

O resultado é um pastiche danado. Ou cinema diverte sem dizer nada (ah, as chanchadas!) ou define, afinal de contas, o que quer dizer.

Ou opta por uma apreensão naturalista da realidade ou escolhe o caminho da fragmentação narrativa, mas compensada pela poesia — a boa poesia (Faustino em vez de coxa e asa de galinha). Ou nos oferece bons e razoáveis motivos para o conformismo — e isso não é pecado — ou desiste de tentar adoçar a aflição do espectador com um finzinho maroto, que remete à novela das sete, depois de perfazer o calvário das misérias humanas. Tudo ao mesmo tempo não dá. Ou melhor: para Glauber Rocha, dava! Mas ele tinha algo além de uma câmera na mão. Tinha muitas idéias na cabeça. Sem elas, milagres não acontecem mesmo!

Tudo é muito pouco

Zé Celso
Um contínuo de si mesmo*

Um dos vários elogios que se podem fazer à peça *Cacilda!*, escrita, dirigida e psicografada por Zé Celso Martinez Corrêa, é dizer que ela necessita de um diretor que dê sentido e ponha freios ao gênio destrambelhado de Zé Celso Martinez Corrêa. É tal a riqueza de soluções cênicas em trânsito no mítico retângulo do Teatro Oficina, que se chega a lamentar que o diretor viva sob a ditadura de uma persona algo ridícula, que se alimenta da seiva criativa do outro Zé Celso.

Não fosse ele tão autocentrado, não estivesse tão convencido de que suas obsessões — o pênis, por exemplo — são a vereda de salvação da humanidade (nada menos!), teria tempo de deitar a cabeça num divã para ouvir: "Zé Celso, você não é bom porque é maníaco, mas malgrado suas crises de mania". Ocorre que ele deve tributos à indústria de extravagâncias que foi se tornando rentável ao longo desses trinta anos; tornou-se, na expressão de Nelson Rodrigues, o contínuo de si mesmo.

As soluções imaginadas por Zé Celso nas pouco mais de quatro horas de espetáculo para indicar a passagem do tempo — o derrame cerebral de Cacilda Becker, sua primeira menstruação, a integração entre vídeo, cinema e teatro, as referências a Beckett, Tchekhov e, vá lá, a toda a história da criação — dão conta de que Zé Celso ainda é o grande encenador brasileiro. É tudo o que Gerald Thomas e acólitos anseiam ser e jamais serão por excesso de coerência às suas citações. O

---

* Originalmente publicado na revista *Bravo!* n° 16, em janeiro de 1999.

criador de *Cacilda!* é um inventor, não um leitor de analogias. A prova é a atuação finalmente impecável da ex-geraldiana Bete Coelho. Eis que surge uma atriz em sua fase adulta, sem maneirismo pueril, que sabe ser magnífica ao ser mínima.

Ocorre que o teatro é pouco para Zé Celso. Enfadado o diretor com um certo convencionalismo do primeiro ato — onde estão as magistrais soluções cênicas —, os atores voltam para o segundo ato vestindo a máscara de todas as revoluções e, claro!, tirando a roupa e se masturbando. É que a vocação de Zé Celso é a teologia; sua proposição é um sistema moral em cujo centro se reconhece o nome de deus: e o deus se chama Zé Celso, o que veio para destruir os valores burgueses, para instaurar uma nova ordem brandindo o instrumento de Príapo. O que isso tem a ver com a atriz homenageada? Nada. Mas tem tudo a ver com o diretor.

Ora, a Cacilda de Zé Celso passa a ter então uma notável semelhança com... Zé Celso. Dela se exaltam os dotes esquerdos, desviantes, atormentados, sofridos e recalcados. A suas penas se atribui sua ascese. E, já que o excepcional diretor Zé Celso, quando teólogo, não passa de um extravagante, ele não se dá conta de quão reacionário é o seu sisteminha do pague-a-conta-e-pegue-a-glória (ainda que vista a sua economia de culpa-punição-satisfação num parangolé carnavalizado). Como não o satisfaz a justiça, mas a culpa, como não lhe interessam reparações, mas a adoração de mártires, Cacilda é o cordeiro do deus Zé Celso que tinge de sangue — mas sem jamais expiar — os pecados do público: por sua caretice, por seu aburguesamento, por sua heterossexualidade, por seu casamento, por sua vidinha fútil, cotidiana e tributável.

E uma pergunta final, mas importante: por que da masturbação coletiva explícita ficam fora os nomes coroados do espetáculo como Bete Coelho, Giulia Gam ou Lygia Cortez (também excelente)? Já os obreiros anônimos do pentecostalismo zé-celsiano, esses, coitados!, têm de se apresentar à sacerdotisa e expor suas expressivas genitálias para honra e glória da velha bacante. *Cacilda!*, enfim, é um espetáculo bom demais para servir a uma causa tão ruim.

Antiamericanismo
O recalque do oprimido*

A invasão do Iraque evidenciou que o antiamericanismo pulsa no mundo como um recalque do oprimido. À menor possibilidade, aflora, exacerba-se, ganha as ruas, os sites, a mídia. A "velha Europa", na expressão de Donald Rumsfeld (a terceira das Parcas), limpa o sangue derramado nos últimos dois séculos para entoar uma cantilena que faz a mímica do pacifismo. As ditaduras muçulmanas ameaçam alçar Samuel Huntington ao panteão de segundo profeta e acenam para o Ocidente com um choque de civilizações. No Brasil, até a CUT esconde sua vergonhosa e pusilânime adesão ao governo Lula com um grito de guerra: "Imperialistas, fora do Iraque! Não se troca sangue por petróleo".

Tais reações têm um pretexto bastante verossímil: cada um dos motivos alegados por George W. Bush para empreender a sua expedição punitiva a Bagdá foi desmoralizado pelos fatos. Restou a obviedade de que Saddam Hussein era um ditador. Ok, mas, como ele, quantos há? E a grande maioria formada por aliados de Washington. É preciso, para que se possa avançar, fazer a distinção entre a razão prática dos Estados e governos e a voz rouca das ruas, eventualmente irmanadas no mesmo antiamericanismo.

A Jacques Chirac, por exemplo, pouco importa a moralidade do ato americano — e a melhor prova é a lei de imigração que ele defende para a França. Não é um humanista; quer-se estrategista. Seu interesse

---

* Originalmente publicado na revista *Bravo!* nº 69, em junho de 2003.

objetivo é organizar um pólo europeu de resistência a uma bipolaridade que os estudiosos americanos já dão como certa. Em trinta anos, restará um adversário dos Estados Unidos no planeta: a China, que cresce a uma taxa entre 7% e 9% ao ano e poderá concentrar, no prazo dado, 25% do PIB mundial. Chirac e alguns outros líderes forçam para que se crie um triângulo e querem atrair a Rússia — que passaria a ser européia pela primeira vez em sua história — para esse terceiro vértice europeu.

As ditaduras muçulmanas, especialmente as árabes, cobram a ajuda do "porco imperialista" para conter seus fundamentalistas, mas rejeitam os "valores decadentes" do Ocidente, como a democracia. Até o governo brasileiro tirou uma casquinha. Num discurso contra a guerra, o presidente Lula conjugou o verbo quatorze vezes na primeira pessoa. Duda Mendonça não teve dúvida: "A nossa guerra é contra a fome". Os Estados Unidos, ao menos, venceram a deles...

Já a reação das ruas, essa foi pautada, claro!, por bons sentimentos, mas também por recalque e ignorância, compartilhados, muitas vezes, por todos nós — a menos que estivéssemos ideologicamente convencidos de que se travava no Iraque um dos prenúncios do Armagedon. A verdade é que, cidadãos comuns, repugna-nos a constatação de que os impérios têm uma essência amoral. Tendemos a reagir mal à obviedade de que, não impusessem a sua vontade, seriam outra coisa. O nosso primeiro impulso, anterior à compreensão, é o furor judicioso, a sentença moral. Cada bomba que caía sobre Bagdá parecia querer confirmar a impressão de que os Estados Unidos só chegaram a ser a maior potência da Terra porque se impuseram pelo terror, pela guerra, pela morte, pela violência, pelo assassinato, pela força, pelas armas. E tudo isso é mentira! Reagíamos como tolos, embora as nossas motivações fossem boas e justas — tolice e boas intenções não se excluem e costumam arder juntas no inferno.

Aqui, é forçoso lembrar Edward Gibbon (1737-1794) e de sua magnífica obra *Declínio e Queda do Império Romano*. Num dado momento, o autor aborda o que chama "tríplice aspecto" sob o qual "o progresso das sociedades" pode ser avaliado: 1) o talento extraordinário e individual; 2) a formação de indivíduos ou pequenos grupos voltada para a conhecimento; e, finalmente, o terceiro aspecto, de que reproduzo alguns trechos: "(...) Felizmente para a humanidade, as artes mais úteis (...) podem ser exercidas sem a necessidade de talentos extraordinários (...), sem os poderes de um só ou a união de muitos. (...) Desde a descoberta primeva das artes, a guerra, o comércio e o ardor religioso difundiram entre os selvagens do Velho e do Novo Mundo esses dons inestimáveis. Eles se propagam aos poucos e jamais poderão perder-se. Podemos, portanto, chegar todos à aprazível conclusão de que cada época da história do mundo aumentou e continua a aumentar efetivamente a riqueza, a felicidade, o saber e quiçá a virtude da raça humana".

O autor se debruçou sobre treze séculos de um império que conjugou domínio territorial e inquestionável poder de impor uma visão de mundo, o que se estendeu das artes à religião, passando pelo direito. Nem guerras amorais nem imperativos éticos o impediram de reconhecer que, com ou sem gênios individuais, o sumo das conquistas dos impérios restou para a espécie humana. Quantos de nós, os humanistas de pé quebrado, temos claro que a tecnologia de guerra serviu — e serve ainda, a exemplo da internet — para prolongar e tornar ainda mais venturosa a trajetória humana na Terra? Quantas foram as conquistas científicas que o capital americano (ou a concupiscência da indústria farmacêutica) gerou neste tempo e quanto isso contribuiu para elevar a expectativa de vida mesmo em países pobres como o Brasil?

Uma nação que se negasse a pressionar Kruchev com o fim do mundo, na chamada crise dos mísseis cubanos, ou que se abstivesse de impor sua vontade a Bagdá teria feito o primeiro transplante de coração ou reproduzido, desta feita no éter, as grandes navegações do século

XVI? Um Portugal ou uma Espanha que reconhecessem os valores dos "povos da floresta" teriam se lançado ao mar? Um líder que tivesse obedecido ao princípio senatorial e se deixado intimidar pelo Rubicão teria nos legado o direito romano como herança? A única nação com poder de dissuasão e de ataque forte o bastante para impor sua vontade deveria se eximir de fazê-lo como se o que existe — o seu poderio — devesse ainda reivindicar o estatuto de realidade de fato?

Reparem, leitores, não estou aqui a defender os Estados Unidos, muito menos o horror da guerra. Se tenho de matar uma barata, luto entre minha hesitação e sua repugnante rapidez. Ocorre que faz crer o antiamericanismo de ocasião, formado por verdadeiros "anticândidos" consumidos pela ignorância e pelos bons sentimentos, que rumamos para o pior dos mundos, para o abismo. Junto com Gibbon, apesar de tudo, convido-os a distinguir uma linha inextinguível de contínuo aprimoramento da civilização humana. Quando foi mesmo que a espécie viveu dias melhores? A saudade do que não tivemos, o Eldorado, nem mesmo reacionária é. É só uma bobagem.

Sim, o mundo parece ser maior e mais complexo do que pode alcançar a compreensão de George W. Bush. O ataque ao Iraque, sem a clara concordância do Conselho de Segurança da ONU e por motivos comprovadamente mentirosos, jogou as nações num vazio jurídico. É tudo verdade. Mas Gibbon nos socorre e nos faz lembrar que a tragédia da vez pode ser uma quase aborrecida repetição de circunstâncias, preenchida com atores novos. É claro que isso não absolve os Estados Unidos de um ato imoral. Mas nem a guerra nem seus desdobramentos são julgados por tribunais morais, ainda que assim se queiram.

Considero um imperativo ético que todos prefiramos a paz à guerra, desde que a primeira não seja a qualquer preço. Ameaças finalistas sempre semelham o apocalipse brandido por profetas de si mesmos. Temos muito a aprender com aquela mesma América onde Tocqueville concluiu que os males da democracia se curavam com ainda mais democracia — e, quem sabe?, algo a ensinar. Sobre o antiamericanismo também crescente por aqui, talvez nos cumprisse responder por que, tendo tão poucos motivos para nos identificar tanto com o agressor como com o agredido, escolhemos logo a vítima. Mas isso fica para outra hora.

Intelectuais pra quê?*

É um espetáculo algo melancólico assistir à decepção dos intelectuais petistas com o governo do presidente Luiz Inácio Lula da Silva. Cardeais da academia se dão conta de um monumental auto-engano. É como se uma fantasmagoria tomasse o lugar da epifania. Grandes nomes do pensamento — e nem entro aqui no mérito se suas respectivas reputações são justificadas ou não — parecem ter-se preparado, nos últimos vinte anos, para o advento, que se revela fraude, engodo, trapaça, capitulação. De certo modo, o pensamento universitário confessa a sua falência.

Afinal, os ditos intelectuais estão decepcionados com que e por quê? A reação se dá à adesão de Lula e do PT à racionalidade do mercado na condução da política econômica (e da política monetária em particular). O núcleo duro do PT optou pela estabilidade a qualquer custo — qualquer mesmo, o que implicou aumento do desemprego e queda da renda e do consumo dos trabalhadores. Na esfera administrativa, a ineficiência do já nem tão novo governo é dramática. E há ainda a constatação vexatória de uma evidência: o PT reciclou as oligarquias que a FHC não serviam mais: Sarney, ACM e congêneres.

Não me surpreende que os petistas da academia estejam descontentes e reclamem. O que me espanta é seu saber não os ter advertido a tempo para o arranjo. Tenho imenso respeito pela trajetória intelectual de um homem como Francisco de Oliveira, por exemplo. Mas me pergunto: o seu (dele) marxismo letrado — é dos poucos da sua profissão que realmen-

---

* Originalmente publicado na revista *Bravo!* nº 71, em agosto de 2003.

te leram Marx... — nunca o alertou para o caráter do PT? O que fez com que Oliveira não percebesse o forte cheiro de antiintelectualismo e desprezo pela teoria que recendia da atuação do partido e de seu chefe máximo?

Goste-se ou não do antigo PCB, o Partidão foi uma das grandes referências do pensamento político brasileiro. Incorporou, ao longo de sua história — de forma assistemática, é verdade —, o que de melhor se produziu de pensamento crítico no país. Como tinha a lhe sombrear os olhos o horizonte socialista, descuidou-se de ter uma resposta econômica para o país, mas nunca lhe faltaram análises pertinentes sobre a formação do patronato brasileiro. Fora do partido, cepalinos e desenvolvimentistas tentaram responder ao desafio de criar um pensamento econômico na América Latina.

Faço aqui um desafio aos petistas, da academia ou fora dela: apontem-me um só, um miserável que seja, texto de fôlego assinado pelo petismo ao longo de sua história. O que se tem, invariavelmente, são documentos reativos, geralmente buscando desarticular as respostas que seus adversários de turno davam às sucessivas crises que colheram o país desde a plena redemocratização.

Não estranha que tenha sido esse o partido onde brilharam nem tanto os historiadores, mas os filósofos, empenhados, como eles gostam de dizer, na desconstrução de discursos, como se a política e o poder político fossem meros lugares retóricos, enigmas a serem decifrados por uma escolástica da permanente denúncia ou do aparato repressivo do Estado, ou da lógica de dominação de classes, ou dos desmandos das elites, ou da prevalência dos valores ideológicos dos dominantes nas falas dos dominados. Cada um, enfim, segundo a sua especialidade e a sua cátedra, se dedicou a articular os caminhos de uma negatividade que se pretendia propositiva. O diagnóstico, no mais das vezes empenhado em ser mais denúncia do que descrição, tornava-se a finalidade, o ponto de chegada do pensamento.

Ora, poder-se-ia perguntar com alguma brutalidade: "Estão reclamando do quê?". Dão-se agora conta de que este pequeno país responde por menos de 1% do comércio mundial. Descobrem, de súbito, que ninguém se importa muito com a gente. A diplomacia "olhos nos olhos" que Lula, o demiurgo, diz estar mantendo com George W. Bush será tão mais virtuosa, para desgosto dos engajados, quanto mais rapidamente o brasileiro piscar.

Certamente, entre a sujeição absoluta aos mercados, operada por Lula, e a resistência à moda Hugo Chávez, há matizes, modulações, graus, diplomacia possível. Mas cadê PT para isso? Tanto é assim que coube ao dito "neoliberal", "conservador", "reacionário", "elitista" FHC resistir enquanto pôde ao calendário da Alca, prevista para 2005. Em seu quinto mês de mandato, Lula entregou o que não se entregou em sete anos. Mas, oh!, havia altivez naquela sujeição!

Sei que os leitores petistas, ou que votaram no PT, ficam furiosos com textos como este. Logo imaginam grandes conspirações e este articulista na fila para receber o soldo por cumprir a missão de atacar o partido, que ainda estaria às voltas com heranças malditas. De todos os refúgios para a decepção, sem dúvida, esse é o mais confortável — e é, de resto, estimulado pelo próprio poder. Assim como a cúpula do partido de Lula jamais se preocupou com marcos de economia política — tanto é que teve de recorrer ao modelo deixado por Pedro Malan para poder gerir o país —, também seus intelectuais não cuidaram de equipar o partido com esse saber.

O programa Fome Zero, por exemplo, beira o escândalo. Inicialmente, o partido anunciava a pretensão de atender a 40 milhões de pessoas. Fala-se agora que já seriam apenas 25 milhões. Mesmo para esses não chegou, até este fim de julho, um só caraminguá. Na tal unificação de projetos sociais pretendida pelo governo federal, apela-se à ajuda de governadores e prefeitos para subordinar todos os programas sociais já existentes no país ao guarda-chuva do Fome Zero.

Mais: o país opera com um mapa ultrapassado da geografia da fome, que não tem um padrão africano. Os nossos miseráveis não são carentes de proteína, como se percebe pelos malabaristas nos sinais de trânsito, mas de renda. A fome brasileira não é rural, mas urbana. Os muito pobres não querem a cesta básica do sr. Graziano; querem é grana. Ocorre que o ministro teme que eles tomem cachaça. Bom cristão, o petista quer lhes dar, junto com o pão, lições de moral, civismo e petismo. E, na prática, não lhes dá nem dinheiro nem víveres. Oferece-lhes uma cesta de bons sentimentos e má consciência.

Os nossos acadêmicos, que estavam ocupados em caçar neoliberais e borboletas, esqueceram-se de olhar para a sociedade. Esta mesma que viu sua posição no *ranking* do IDH (Índice de Desenvolvimento Humano) da ONU subir em plena era de crise no mundo. E subiu sem que se distribuísse renda. Santo Deus! Não há ninguém na USP (ou em qualquer outra universidade), com ou sem carteirinha do partido, que se disponha a explicar a Graziano e a Lula que diabo se passa no país?

Nunca, como agora, a *intelligentsia* brasileira foi tão responsável pelo futuro do país. Lula foi o filho dileto que a USP preservou de ser engolido pelo tempo. Pelo menos duas gerações de intelectuais preferiram produzir um presidente a produzir saberes para o Estado democrático. Estão perplexos com a criatura, que deu para falar línguas estranhas. Alguns ainda se fingem de Mary Shelley, mas sabem que são o dr. Victor Frankenstein dessa história.

Imprensa
Notícias de uma queda*

Chegamos à miséria do jornalismo. É a conclusão depois de assistir a três DVDs recém-lançados. Um deles é *Ernesto Varela, O Repórter*, da Associação Cultural Videobrasil, Sesc São Paulo e O2 Filmes. Os dois outros, de um total de cinco previstos, da Globo Vídeo, trazem uma série de reportagens do *Fantástico*, o mais longevo programa da TV brasileira, que estreou no dia 5 de agosto de 1973. Vi os três de uma tirada. Fiquei com a impressão de que houve um momento da história do jornalismo de TV em que virtudes e vícios lutaram para sobreviver e triunfar.

No mês em que o deputado Fernando Gabeira (aquele que inaugurou no país a "política do prazer") deixou o PT, acusando o conservadorismo e o reacionarismo do partido, lamentando ter sonhado "o sonho errado", forçoso é reconhecer que também a TV errou o seu. O *Fantástico* faz trinta anos porque o vício venceu a virtude. Varela é hoje apenas um DVD; já o autoproclamado "Show da Vida" é franja de um projeto bem-sucedido de poder.

Varela era uma personagem, um repórter, criado pelo jornalista Marcelo Tas. Míope, franzino, sotaque paulistano pronunciado, fala apelando a certo tom colegial, metido num paletozinho que lhe emprestava um ar meio *nerd*, sílabas sempre muito bem escandidas, sobrancelhas arqueadas, criador e criatura manipularam os ingredientes do que poderia ter sido uma revolução na linguagem do jornalismo eletrônico.

---

* Originalmente publicado na revista *Bravo!* n° 74, em novembro de 2003.

É assim que consegue penetrar na festa de aniversário de Paulo Maluf, em 1984, para lhe oferecer um bolo. Puxa inacreditáveis "parabéns a você", ganha a simpatia complacente e falsamente tolerante dos presentes e se aproxima de Maluf. Varela vai ao ponto, que era o ponto que determinou o racha no condomínio da ditadura: "Eu estive aqui em Brasília hoje e reparei que muita gente não gosta do senhor. Dizem que o senhor é ladrão, é corrupto. É verdade isso, deputado?". Maluf, é claro!, não responde. Esse é um dos grandes momentos reunidos no DVD, com passagens premonitórias — se premonição não fosse o outro nome da inteligência em favor de alguma ousadia prospectiva. Afinal, a miséria do jornalismo atual se faz é de sua covardia analítica.

Uma dessas passagens data de 27 de novembro de 1983. Trata-se de um pequeno comício do PT em favor das eleições diretas para a Presidência. Gabeira havia trazido da Europa a chamada "política do prazer", que pretendia se opor tanto à rigidez da ditadura como aos esquematismos e dogmatismos da esquerda. Varela foi ao minicomício com uma inversão espetacular na ponta da língua. Queria saber dos petistas presentes "qual era o prazer da política".

Um Lula pré-Duda Mendonça e ainda não abduzido pela neurolingüística dizia ser impossível rir, dada a situação do trabalhador: ganhava "uma miséria" e estava sujeito "a perder o emprego". Ora vejam... O desemprego, sob Lula, é maior do que o daquele tempo, e os salários, menores. Não obstante, ele sorri todo o tempo. Teria descoberto o prazer da política? Ar doméstico, amistoso, cabelos castanhos, terráqueos, Marta Suplicy responde à mesma pergunta: "Olha, eu não sei qual é [*o prazer da política*]. Eu gostaria de entender, viu? Porque eu concorro com ela todo o tempo. E, muitas vezes, ela vence".

Outro espetacular momento se dá no dia 25 de janeiro de 1984, no primeiro megacomício das diretas, ocorrido na praça da Sé, em São Paulo. Só para registro da história: a Rede Globo, essa mesma que hoje se dedica à adulação de Lula e de seu governo entre conservador e reacionário, era contrária à aprovação da proposta. Dr. Roberto Marinho, que já saiu da vida para que seus aduladores lhe mudem a história, defendia o Colégio Eleitoral e o candidato dos milicos. O *Jornal Nacional* noticiou uma suposta comemoração do aniversário da cidade, em que os manifestantes também pediram eleições diretas. Tirava, assim, o caráter político de uma reunião de 300 mil pessoas. Bem, lá estava Varela.

Assiste-se a um dos momentos mais brilhantes do jornalismo político em TV. Tas/Varela, por acidente ou método, faz alguns segundos de história. Ele cutuca o braço do então senador Fernando Henrique Cardoso: "O sr. pode me antecipar os nomes dos futuros ministros?". FHC sorri e diz, com ar maroto: "Eu, não! Mas ele [*e aponta uma pessoa a seu lado*] pode. Ele já tem tudo na cabeça, mas não vai falar". Era Tancredo Neves. FHC já integrava o alto comando que costurava a tal transição. Depois de falar com o senador, o repórter pronuncia o mais premonitório de todos os textos de um profissional de TV: "Valdecyr, vamos tomar cuidado com esses homens, porque, daqui a pouco, eles vão ser muito poderosos". Ali estavam dois futuros presidentes da República. Este escrevinhador, por conta de outras labutas, tem lido amiúde material jornalístico e acadêmico sobre aquela época. A quantidade de besteiras que professores e medalhões do jornalismo escreveram e disseram é verdadeiramente amazônica. Tas/Varela era a antena da raça jornalística, ora em extinção.

Esses dois comícios resumem algumas das "técnicas" de Varela: falar com o câmera, entrevistar os outros jornalistas (a sua forma de fazer um pouco de metajornalismo e arriscar alguma epistemologia), o olhar desconfiado, brechtiano, para a câmera e a escolha de personagens exemplares da unidade narrativa. Naquele encontro de petistas, por exemplo, ele pára numa banquinha onde alguns "revolucionários", fantasiados de Guevara, vendem uma rifa. O ganhador vai receber uma edição de *O Capital*, de Karl Marx. O repórter pega um dos volumes e lê um trecho. Ar meio aparvalhado, fica claro que não entendeu nada. Pronto! Verdade e *nonsense* se misturavam numa cobertura simpática às Diretas, mas sem jamais abrir mão da crítica a que as "políticas do prazer", antidogmáticas, já haviam nos acostumado.

Que falta faz um Varela, hoje, para reportar, por exemplo, essa xaropada assistencialista e incompetente do Fome Zero! Em vez disso, temos é o tal "jornalismo cidadão" fazendo-se de engajado. Com Varela, não: toda metáfora já nascia morta; toda figura de linguagem que se levasse a sério soava a digressão retórica; o fácil falar difícil dos políticos era desmoralizado com a seguinte pergunta: "O senhor acredita mesmo no que está falando?". O cara, no mais das vezes, ria. Não acreditava, ora essa!

Em certo sentido, vá lá, seu projeto foi bem-sucedido. Tas, que começou na produtora de Goulart de Andrade e depois mudou-se para a Abril Vídeo, foi mimetizado, copiado, deglutido, assimilado. Não é preciso ser um frankfurtiano para adivinhar: o que, nas mãos do atípico repórter, era desconstrução de um padrão tornou-se cacoete quando assimilado pelas grandes redes. Se seu desempenho *overacting* mostrava-se exercício de ironia e de inteligência, fez-se não mais do que patetice de contínuos de seu próprio maneirismo quando experimentado como farsa. Se as personagens que Varela entrevistava serviam para ilustrar o todo, para tirar o "véu diáfano da fantasia" (com a licença de Eça) da realidade, nas câmeras das grandes redes, tornou-se obscurantismo e burrice.

Ok, sejamos francos: é fácil malhar a Rede Globo. Difícil é criar a alternativa. Varela parecia ser um dos caminhos. O *Fantástico*, aqui, parece ter ficado esquecido. Mas não! "O Show da Vida", uma mescla de jornalismo e entretenimento, também significou uma ruptura com a velha ordem. Ocorre, caros leitores, que também existem rupturas conservadoras. Ainda que seja instrutivo assistir aos DVDs do mais longevo programa de variedades da TV, ainda que alguns dos grandes eventos que marcaram os últimos trinta anos estejam ali expostos — e há boas reportagens reunidas no material —, vê-se que a atração caminhou justamente na contramão do que propunha Marcelo Tas.

Varela era uma personagem destinada a expor, pela saturação de cacoetes e maneirismos da imprensa, os bastidores da notícia e do próprio jornalismo. O que havia de espetáculo em sua atuação servia ao propósito de nos tornar mais sérios e rigorosos. Já o *Fantástico*, ao reportar a morte de uma princesa, a eleição de Lula ou o cotidiano do presidente no Palácio, propõe-nos o espetáculo, fala-nos de um mundo do qual, de fato, participamos como platéia. Mesmo quando, em consonância com a metafísica influente, volta suas câmeras para os pobres, parece lamber a miséria, buscando mais o nosso coração do que a nossa inteligência, menos a nossa inteligência do que certo senso intransitivo de justiça do qual todos compartilham.

A miséria do jornalismo encontra, enfim, o jornalismo da miséria, um bom produto, disposto a abrigar todas as metáforas da fraternidade retórica universal. Agora que tanto a Globo como Lula e seu PT concordam que o combate à pobreza não é uma questão de economia política, mas de mera adesão a certa esfera de valores morais, os pobres se tornaram a verdadeira *commodity* tanto da política como de certo jornalismo que se quer político. É o show da vida.

Excursão à obra de Edward Hopper*

Satisfeitas algumas necessidades básicas, que não deveriam servir de moeda de troca para eleger ninguém (ou o resultado inescapável é mesmo demagogia), dedicamo-nos todos a alguns debates, no fundo, inúteis, carentes que somos, numa vida mais ou menos besta, de grandes questões: sei lá, integrar ou não a Resistência (qualquer uma), invadir a Bastilha, cravar o punhal em Marat... O meu debate besta se deu por causa de Edward Hopper (1882-1967), o ilustrador e pintor americano de que gosto muito, a despeito das reservas que lhe fazem os especialistas.

Hopper pintava paisagens mudas. A maioria delas mudas até mesmo de qualquer natureza. Esta, quando presente, é mera coadjuvante de uma casa, sem gente, perdida na multidão de muitos nadas. Ou, então, vê-se um casal, uma mulher, um homem, sempre poucas pessoas, invariavelmente alheias a qualquer foco de atenção, flagradas num desvão da história ou de suas respectivas lendas pessoais. Aquela solidão me agrada.

Atento para o que chamaria de manifesto antidemagógico de seus quadros, de suas ilustrações. O apelo quase naturalista de sua pintura se combina com narrativas sempre interrompidas, elementos postos fora do quadro, dados que resistem ao que seria o eixo natural da visão. É a vida que escapa. Assim como a minha, a sua, hipócrita leitor, a daqueles que nos cercam. Todos nós pedintes de algum afeto, de alguma atenção, tentando magnificar o prosaico, o cotidiano, emprestar alguma solenidade àquilo que, no fundo, sabemos despido de importância.

---

* Originalmente publicado na revista *Primeira Leitura* nº 21, em novembro de 2003.

Janelas são onipresentes nos desenhos de Hopper. Quando o elemento humano aparece em sua tela, ou as pessoas estão de frente para elas ou lhes dão as costas. Ou procuram caminhos, saídas, atalhos, ambicionam encontrar quem as aceite em sua causa. Ou, então, já se deram por vencidas. Um ponto alternativo é, por assim dizer, um olhar em terceira pessoa, onisciente: somos convidados a espiar suas personagens através da janela. O vidro é espelho.

Num dos quadros mais tristes e mais belos, *Excursão Filosófica*, de 1959, um homem, sentado na cama, braço pendido entre as pernas, olha fixamente para um tapete. Atrás dele, deitada, uma mulher seminua. É dia. O sol reflete na parede, ilumina o tapete, joga um ponto veloz de luz nas batatas das pernas e nas nádegas da moça. A janela aberta, a hora imprópria para o encontro no leito, o sono dela... É provável que tenham feito amor. E estão tão sozinhos quanto vieram ao mundo. E sobre a cama jaz o livro aberto em página incerta. A "excursão" se dá à volta do quarto, nas perigosas paisagens do umbigo de cada um.

Não há, no trabalho de Hopper, um só apelo a qualquer forma de engajamento. É uma obra despida de sentido de coletivo e livre de qualquer retórica humanista, generalista, abstrata. Mesmo nas paisagens campestres sem as casas (quase infalíveis), o inescapável horizonte tem curta duração. O artista parece ter levado a pintura a um grau zero do anseio. E por que alguém gostaria disso — e foi mais ou menos essa a pergunta que me foi feita — se até na descrição de um admirador parece coisa tão sem graça?

Não sei responder a essa pergunta em particular. Se toda a interpretação já não nascesse morta diante de todas as outras possibilidades, me arriscaria a dizer que aquela gente de Hopper parece cria de uma democracia consolidada e tenta fugir do único impasse que realmente conta: a "excursão filosófica" e a busca de um sentido para a própria vida. Tanta imagem descarnada talvez esconda o verdadeiro anseio irrealizável, a verdadeira utopia, o verdadeiro lugar-nenhum...

O Brasil, em suma, jamais daria um Hopper à luz. Somos o país da solidariedade organizada pelo Estado. Somos o país do Indivíduo Zero.

Otavio Frias Filho
Ensaios de risco*

Otavio Frias Filho, jornalista, autor de teatro, ensaísta perene da objetividade jornalística, chega às livrarias com *Queda Livre*, uma reunião de sete ensaios vividos — de que ele é personagem central, um Conrad demasiadamente existencial no coração das trevas de territórios interditados das florestas de desassossegos morais. À maneira de um Dante sem Deus — ele é ateu, confessa (e eu tentei usar neste "confessa" algum humor seco, no que sou ruim de doer) —, decide descer a alguns círculos do inferno, mas aos íntimos, não aqueles do poeta italiano, tão povoados de idéias e valores totalizantes ou de meras rinhas pessoais. Todo grande escritor consegue pôr em pé de igualdade grandezas e banalidades. Porque o denominador comum a uni-las há de ser sempre o texto, aquilo que Barthes chamava gostosamente de "escritura". E como Otavio escreve bem! Rigor de observação, limpidez sintática e humor se combinam num grande estilo.

A queda, as quedas

Só sei escrever fazendo sangrar um pouco. O grande autor já havia se manifestado nas peças de teatro — *Tutankaton* é a minha preferida — ou nos artigos que escreve regularmente na página 2 da *Folha*, muitos deles reunidos no livro *De Ponta-Cabeça*. Teria merecido mais atenção da crítica, inclusive a universitária, não fosse o fato de ser quem é,

---

* Originalmente publicado na revista *Primeira Leitura* nº 22, em dezembro de 2003.

suponho. Talvez ele deteste a referência, isto que poderia parecer uma martirização pelo avesso, mas é fato: dono daquele que é, muito provavelmente, o mais enxuto, elegante e preciso texto do país, o autor é tratado com discreta frieza por ser quem é, não por escrever o que escreve.

Diretor de redação do maior jornal do país, principal promotor de um tipo de objetividade jornalística (que nem é exatamente a minha, digo logo) que ofende porque confronta a esfera das opiniões administradas *ad hoc*, um dos herdeiros, sabe-se, desse mesmo jornal e de produtos e empresas a ele agregados, este senhor decide ofender a servidão triunfante escrevendo como ninguém!

Ora, diabos! Em tempos em que vige a lei das compensações de baixa moral, em que o justo é ser pobre, mas limpinho (como a capital da Namíbia...), *Queda Livre* volta a nos dar notícias de uma ética que estava a ser arrostada desde *Genealogia da Moral*: a dos senhores de seu destino. O livro é uma ofensa contra a servidão e o pobrismo, tanto voluntários como involuntários, tanto triunfantes como ressentidos.

Dante cínico, prosaico, sem a língua flamejante das punições, dos expurgos, do paroxismo, dos contrastes violentos, das disputas entre guelfos e gibelinos, é o próprio Otavio quem diz sobre o livro: "Tento ser autor de teatro. Nesse sentido, procurei focalizar a mim mesmo como 'personagem' e tomo o livro como sendo uma obra de comédia, embora essa faceta esteja oculta sob a 'seriedade' da prosa metida a 'elevada'. E embora eventuais leitores possam não achar tanta graça como eu achava, ao escrever". Sim, a "sua" *Divina Comédia* não inspiraria as imagens horripilantes de Gustave Doré.

Em sete ensaios, Otavio salta de pára-quedas, mesmo! ("Queda Livre"); mergulha, sem rede de proteção, que não as balizas da razão, nos mistérios sem segredos da ayahuasca, a bebida que abre o caminho para os ofícios do Santo Daime ("Viagem ao Mapiá"), "a única religião revelada no Brasil"; deixa-se devorar por Zé Celso Martinez Corrêa

("O Terceiro Sinal"), imperador do Teatro Oficina e nosso antropófago oficial por mérito; conhece um apertadíssimo círculo do inferno nas profundezas sensoriais de um submarino ("A Bordo do Tapajó"); perfaz o caminho de Santiago ("No Caminho das Estrelas") para concluir que a Revelação, a com maiúscula, é mesmo uma bênção que assiste a bons pedestres; transita nos signos e círculos iniciáticos dos casais que praticam swing e dos que fazem do sadomasoquismo sexual uma espécie de arte revelada ("Casal Procura"); dedica-se a esmiuçar, com o rigor de quem se educou pela pedra de revelada descrença, as almas severinas dos suicidas ("O Abismo").

A primeira tentação é mesmo exaltar, vamos dizer, algumas glórias viris, transgressoras, do livro (e até do autor): coragem, ousadia, peito para enfrentar a patuléia voyeurista — os Tersites do sexo aborrecido vão cutucar o próprio ressentimento, é claro!, para tentar saber até onde o autor avançou no swing ou no sadomasoquismo... Mais não falo porque essa gente me aborrece. Sem que tais virtudes deixem de estar presentes, aplaudo o autor quebradiço, permeável ao assentimento ou rejeição de seus parceiros de jornada, acuado, muitas vezes, Woody Allen involuntário, por uma racionalidade que não domina. Otavio sendo espicaçado por Zé Celso, como bode expiatório do Dioniso privatizado pelo hierarca do Teatro Oficina, é de rolar de rir.

Em cada uma dessas jornadas, o autor tem sempre um Virgílio a assisti-lo, a lhe indicar as trilhas de luz dos caminhos ignotos. Ora é um instrutor de vôo, ora o comandante de um submarino, ora um "teólogo" da seita do Daime, ora um esteta do sadomasoquismo, ora o seu orientador no atendimento que prestou no CVV (Centro de Valorização da Vida). Enquanto lia, eu, católico desprezado por Deus, não distinguido com a revelação, via ali os mergulhos de um Dante, mas também certo apelo aos pecados capitais, a que o próprio autor se referiu certa feita. Virando a quarta capa da prova, uma luz acendeu em meus ouvidos, para lembrar um outro esteta que aprecio tanto. Em vez dos sete pecados capitais, Otavio nos oferece o que me atrevo a chamar de Sete Estigmas Vitais: medo (o salto de pára-quedas), loucura (a aventura na selva), solidão (internado num submarino), expiação (o autor como ator do Oficina), redenção (o caminho de Santiago), queda (aventuras sexuais nos subterrâneos dos costumes) e culpa (o ensaio sobre o suicídio).

Se os pecados capitais são os instrumentos por meio dos quais o Mal disputa com Deus as nossas almas vagabundas — e o resultado dessa batalha é que vai decidir o segundo tempo do jogo, travado na apavorante eternidade —, os Estigmas Vitais nos empurram para uma aventura íntima e nos apresentam o Paradoxo da Salvação, assim exposto por Gregório de Matos numa conversa atrevida com o Altíssimo: "Antes, quanto mais tenho delinqüido/ Vos tenho a perdoar mais empenhado/ (...)/ Que a mesma culpa que vos há ofendido/ Vos tem para o perdão lisonjeado". Pergunto se ele, Otavio, se dá conta do caráter religioso dos textos: "Sim, acho que o livro tem certo caráter religioso, embora às avessas, escrito por um ateu". Otavio se livrou de Deus, mas Deus não se livrou necessariamente de Otavio. Fiquei com vontade de lhe dizer, então, e digo agora: "Pior é o contrário: é a gente não se livrar de Deus, mas sentir que ele já se livrou da gente...".

O grito

Escolhi *O Grito*, de Edward Munch (1863-1944), para ilustrar a página de abertura deste texto** sabendo que apelo, de algum modo, a um clichê interpretativo. Muito já se falou, escreveu, especulou sobre o quadro. Não me atrevo a ensaiar uma lei geral — algo como: "às vezes, é preciso recuperar o clichê para submetê-lo a uma releitura etc." — ainda que me agradem certas operações puramente mentais, que ganham

---

** Sugiro ao leitor que procure a imagem, facilmente encontrável na internet se não tiver uma reprodução à mão, para acompanhar esses comentários.

vida apenas na esfera dos conceitos, que se expressam apenas no universo da linguagem. *O Grito* vai me servir de guia (e emblema) para continuar a falar dos textos de *Queda Livre*, que traz um subtítulo eloqüente: *Ensaios de Risco*.

Peço licença para avançar um pouco com Munch e, assim, caminhar com Otavio. Dante de braços dados com Virgílio nos círculos do inferno da interpretação. Não me provoca o que basta a expressão da figura que está no ponto nervoso do quadro, ou o céu flamejante na tarde que desmaia em pinceladas rápidas, ou o rio que escorre ponte abaixo, numa sinuosidade burocrática, ou o *malaise*, o peso do mundo, na tinta escurecida das montanhas ao fundo, ou aquela ventania pastosa à direita da personagem principal... O que me intriga mesmo são os dois passantes lá no extremo da ponte, ao fundo, o flagrante de registro quase cartorial, enquanto, à frente, às escâncaras, vê-se o espanto pálido, que eu me atreveria a inferir ser incapaz de soltar um pio. Não grita. Quem grita é a cena, é o conjunto, é o espírito daquele tempo ali aprisionado. Enquanto os burocratas do cotidiano dizem mansamente: nada aconteceu, nada vai acontecer. Loucura, solidão, expiação...

E por que o espanto da figura? Sei lá. Talvez por causa da medonha beleza da tarde (nunca sentiram um medo pânico no lusco-fusco das tardes mais belas, como se o mundo nos cobrasse resposta, ação rápida, gestos ginásticos, enquanto a seiva do anseio evapora?). Ou então porque aquele ser, nem homem nem mulher exatamente, descarnado como um cadáver, se descobre tomado de acídia, não a de dicionário, mas a de Santo Agostinho, acho: "entristecer-se do bem divino" (esse conjunto de palavras monopoliza meus sentidos). Ou porque se deu conta ou de uma revelação ou da falência do sentido. Ou porque colhida, na passagem, por um "céu que desaba", a primeira e definitiva metáfora para a síndrome do pânico (conheci cada palmo desse calvário sem Deus nem diabo). Medo, queda, culpa...

Não há vez que eu veja a reprodução desse quadro sem que pense no indivíduo contra as vagas da mediocridade coletiva; na afirmação de uma solidão — que não me atrevo a chamar de essencial e que cultivo até o limite do intraduzível em palavras (e, então, Munch me socorre) — contra e por causa de passantes incidentais; num tormento narrativo que tem com a paisagem (as circunstâncias do caso) e os outros homens (as circunstâncias do acaso) uma relação não mais que intransitiva. Pálidos de espanto, gritamos anacolutos morais, existenciais, ansiamos por uma mudança abrupta da sintaxe. O grito, o solecismo contra a ordem. Só o erro nos salva. No meio da ponte, enquanto os funcionários do mundo e os contínuos de suas ditaduras íntimas repisam clichês e beletrismos morais, Otavio diz, movido com o mesmo humor que transparece nos ensaios: "Às vezes, penso nesse livro um pouco como uma espécie de 'suicídio moral'".

Ó tempos, ó costumes. O tempo em que o autor viveu as experiências — o que aqueles passantes da ponte leriam no jornal ou comentariam com familiares à mesa do jantar — é algo impreciso; capta-se por uma referência histórica ou outra de fundo. Três dos textos, embora em versão parcial, tive o prazer de editar quando redator-chefe da revista *República* (a pré-história desta *Primeira Leitura*): "Queda Livre", "Viagem ao Mapiá" e "A Bordo do Tapajó", publicados, respectivamente, em setembro de 1998 e janeiro e agosto de 2000. Essa observação é importante porque, como dizer?, certa sociologia do ambiente e das condicionantes históricas — que fascina ensaístas e, não raro, torna seus ensaios chatos pra chuchu — jamais descola, felizmente!, os ensaios de Otavio da viagem que ele faz à volta de seu próprio umbigo.

Ainda bem! Penso, por exemplo, naquela que, para mim, é a melhor passagem de *Esaú e Jacó*, de Machado de Assis: enquanto os gêmeos se acotovelam ainda uma vez para protagonizar o velório de Flora, cujo amor (ou coisa assim) ambos disputaram, o narrador observa que o enterro percorreu as ruas em estado de sítio, decretado por Floriano Peixoto. "Bem pensado, a morte não é outra coisa mais que uma cessação da liberdade de viver, cessação perpétua, ao passo que o decreto daquele dia valeu só por 72 horas. Ao cabo de 72 horas, todas as liberdades seriam restauradas, menos a de reviver".

Os ensaios de *Queda Livre* têm, é claro!, um tempo, mas, à maneira machadiana, este se revela na esfera dos valores, na exemplaridade de tipos; nos consensos estabelecidos em hábitos de certa classe média culta e/ou calculadamente tolerante, movida por alguma radicalidade política (mas não muita), no assentimento e consentimento à idéia de que um outro mundo é possível desde que se acredite e se lute, ligeiramente tocada por idéias generosas de justiça, igualdade e outras abstrações acima de qualquer suspeita.

Submetam-se essas partículas de sentimentos, até aí ainda frios, à aceleração ideológica de um partido que sabe manejar símbolos da irracionalidade política, e chegaremos ao *Zeitgeist* que elegeu Lula. Não, Otavio não toca nem remotamente nessa questão. Dela falo eu. Essa é a sociologia autoritária do leitor. Sou eu quem busca transformar sinais em símbolos, como aquele Chaplin de *Tempos Modernos* (mas às avessas), que sai correndo para devolver uma bandeirola vermelha caída de um caminhão e logo é tomado como líder de um protesto socialista.

Vejo Otavio a brandir a bandeira de um individualismo radical. E segui seu protesto solitário. Se o autor foge de si mesmo, o faz apenas para exibir números, dados históricos, curiosidades ilustrativas sobre balões, aviões, pressão marítima, o conhecimento firmado pela cultura psicanalítica sobre o sexo... Tudo muito bom e escrito com elegância e pertinência. Confesso, no entanto, que, nesses momentos, me peguei, às vezes, em alguns pontos de fuga. Hora de parar um pouco, fumar na sacada! Ninguém precisa dele para isso, convenha-se. Ocorre que, mesmo quando se é Otavio, e isso implica ser dono da excelência do texto, já disse, é preciso percorrer alguns territórios do pesquisismo, das sabedorias firmadas, da distinção científica.

O ensaísmo brasileiro tem certa tradição, diria, de alguma irresponsabilidade com os fatos, de que o autor parece querer fugir por meio do que pode ser um excesso deles. Quem escreve como ele não precisaria disso — embora se deva destacar: cada coisa está no seu devido lugar. O risco, em suma, que Otavio-ele-mesmo decide correr ao viver experiências para torná-las ensaios, ele não corre como autor, oferecendo ao leitor o ambiente sempre morno e acolhedor de números, dos dados factuais, dos eventos exemplares. Corajoso, o autor não se abstém da possibilidade de quebrar a cara, de buscar a "porta estreita" — "Entrai pela porta estreita; porque larga é a porta, e espaçoso o caminho que conduz à perdição" (Mt 7:13). Algo conservador, ainda que venha a se espatifar, procurou convencer pelo exemplo, não só pela palavra. Ah, a culpa, essa pantera!

Felizmente, o indivíduo se impõe. E por isso também, creio, o livro tenha me fascinado. Quem me ama ou me detesta, sempre com justa razão, sabe que em mim há um diabo, que eu ousaria chamar "ultraliberal". Depois do segundo uísque, detesto Rousseau, seu contrato social, seu Emílio natureba e feminil, com toda a fúria a que tenho direito adquirido contra os que tentam colonizar sentimentos em nome do bem comum, valhacouto de canalhas, de vestais da ideologia (quando fora do poder) e de putas do realismo (quando de posse dele).

Talvez seja até meio sacana que encerre este parágrafo, como vou fazer, com uma fala do autor de *Queda Livre*, sobre esse caráter individualista do livro. Não, ele não deu assentimento ao que vai acima. Eu é que pensava nisso quando o ouvi a respeito. E foi isto o que ele disse (na verdade, me mandou escrito, por e-mail): "Sim, concordo que é um livro individualista, uma tentativa, sempre frustrada na luta contra o texto, de compartilhar experiências que são, no fundo, intransferíveis.

Acho que é um livro de solidão individualista. Quase coloquei a frase do Emerson (*I must be myself*) como epígrafe, mas acabei deixando-a no encerramento do último texto". Então, leitores, arbitrariamente, decreto eu, o leitor: Otavio, a epígrafe inescapável de seu livro é "I must be myself". Isso faz dele um livro de que não se pode escapar. Como a um destino.

Polêmica

Observo ainda a Otavio que, num livro marcado por inequívoco humor cínico (fiquem calmos, é o cinismo que consola...), o ensaio sobre o suicídio destoa um pouco. Há nele, observei ao autor, uma aposta na vida, "ainda que a alma seja severina". Esta foi a resposta: "Gosto do paradoxo de que o único ensaio 'otimista' é aquele sobre suicídio. Quis encerrar o livro com uma nota, não digo alegre, mas animada. Era como me sentia ao completar a tarefa que me atribuí e que me tomou, com intervalos, claro, quase cinco anos".

Receio de que um ensaio sobre suicídio e outro sobre práticas sexuais alternativas, num livro que se caracteriza por experiências vividas, deitem sua sombra sobre o conjunto? "Sim, tenho receio de que certo cunho 'escandaloso' dos dois últimos ensaios prejudique o todo e os cinco primeiros. Mas também gosto da idéia de que, neste livro, o último gesto de 'risco psicológico' será justamente o de publicá-lo, como se isso constituísse um oitavo [Otavio? risos] ensaio não escrito."

Homo petistans*

O PT vai carioquizar São Paulo e criar, na maior cidade do país, o mesmo e sofisticado regime de castas sociais que vigora no Rio, onde todo branco descolado que passeia de bata e assina manifestos tem um melhor amigo no morro — desde, é claro, que por lá ele permaneça e não decida bagunçar, com reivindicações práticas, um universo que é perfeito no mundo das idéias. Faremos isso, é claro!, à nossa maneira e segundo as carências de nosso lirismo e a pobreza de nossa geografia. Explico-me tanto quanto possível.

Jamais conheci um carioca de esquerda que não tivesse certo orgulho da intimidade com os miseráveis e não visse São Paulo com indiscreta contraposição. Por aqui, como sabem, pobres e ricos só se misturam, inclusive no espaço geográfico, durante o horário comercial. Depois, ônibus, trens e metrôs afastam para longe a exclusão, e a zona oeste e alguns pedaços da zona sul dormem noites de PIB *per capita* de Europa nórdica. Mal o sol ameaça romper a manhã, ela inicia o caminho de volta para lavar roupa e chão, servir café, fazer a faxina. O PT acha isso inaceitável e já tem um modelo de alcance nacional para mudar o quadro. Falarei dele mais adiante. São Paulo será o seu primeiro grande laboratório. Por aqui se construirá o *Homo petistans*.

Os cariocas, por alguma razão ainda mal estudada — temperatura, geografia, miasmas da lagoa Rodrigo de Freitas, sei lá —, há muito conseguem tratar seus miseráveis com concessões lampedusianas e com

---

* Originalmente publicado na revista *Bravo!* nº 76, janeiro de 2004.

charme camarada. São Paulo ainda não mimetizou, mas vai, o sistema que vigora na Cidade Maravilhosa, em que os incluídos alimentam uma aparente paixão voyeurista pelo universo dos excluídos. Os paulistanos não conseguem perceber que o reconhecimento da "identidade" da miséria — cultural, social, de costumes, valores — implica, ao mesmo tempo, a interiorização da diferença como uma moral profunda, a manifestação de uma natureza.

A arrogância paulistana, jamais amolecida pela paisagem, pela brisa marítima, pela proximidade física e arquitetônica tanto do paraíso como do horror, não deixa que a maior cidade do Brasil finja uma amizade fraterna, sincera e cordial com seus miseráveis. Um traço produtivista qualquer faz com que o confronto ainda se dê como choque de classe mesmo — embora não revolucionário, é claro. Mas isso vai mudar. Um pobre, por enquanto, não tem a menor dúvida de que é, enfim, pobre em São Paulo. Ninguém lhe confere distinção intelectual, ou se interessa por seus "saberes naturais", ou aplaude o lirismo de seu samba ou a gesta de seu funk. Por aqui, os "mano" da periferia são caso de polícia. Se a dialética não tivesse caído em desuso por insuficiência de meios, um esquerdista razoável diria que São Paulo está mais propensa a uma luta de libertação dos oprimidos porque a lógica da diferença é explícita.

Antes que eu avance, é preciso fazer um parêntese importante. O modelo do Rio também passou e passa por certo desconcerto. O narcotráfico levou o modelo fordista para as favelas e transformou o crime numa indústria hierarquizada (de modelo paulista?). Antes disso, e nem faz tanto tempo, nós, os paulistanos, invejávamos o Rio, a convivência em camarote da elite colunável com estrelas do crime organizado. Invejávamos aquela vocação para o lirismo e seus diminutivos a esconder exclusão social no balanço da bossa, da fossa, da grande dor. O barquinho, a tardinha, o cantinho, o violãozinho... Enquanto negros invisíveis administravam a casa! São Paulo ambiciona, e vai conseguir, agora com a ajuda de um partido que um dia se disse operário, tornar ainda mais requintado esse complexo universo da exclusão social convertida em identidade natural. Mas com que roupa vamos participar do samba indiano da casticização de São Paulo e do resto do Brasil?

Eis a questão. "Feio não é bonito", dizia uma canção de 1963, de Carlos Lyra e Giafrancesco Guarnieri. Um ano antes do golpe, que chega aos quarenta neste 2004. Tempos em que a esquerda não tinha superávit primário de 4,25% e entusiasmo de banqueiros como valores de resistência. E a canção ia adiante: "O morro existe/ Mas pede pra se acabar/ Canta/ Mas canta triste/ Porque tristeza/ E só o que se tem pra cantar (...)". De lá para cá, o "feio" ganhou o estatuto de um saber próprio, passou a ser matéria antropológica. O morro produziu os seus doutores do lirismo, ainda hoje cantados em prosa e verso, sobretudo no cinema, que diz rejeitar "patrulha ideológica" com a mesma sem-cerimônia com que rejeita a economia política. O que interessa é exaltar a poesia da "boca banguela" destes tristes trópicos.

São Paulo estava fora dessa jogada, com sua exclusão rombuda e sua falta de humor. Parecia não bastar aos paulistanos ter uma cidade infinitamente mais feia do que o Rio. Negávamo-nos a participar desse jogo da conciliação doce e violento, em que o "outro" é relegado a seu lugar à medida que se lhe reconhece o "direito" de uma visão de mundo particular, como se fosse outro ser, de outra natureza. A tolerância diz que conviver é preciso; a identidade deixa claro que convivência não é integração.

São Paulo deixa a luta de classes e entra no mundo das castas sendo ponta-de-lança de uma universidade municipal a ser criada para os pobres.** A idéia é de dona Marta Tereza Smith de Vasconcelos Suplicy. Dona Smith Vasconcelos Suplicy é a empreendedora dos CEUs, essa

---

** No dia 14 de dezembro de 2004, o Conselho Estadual de Educação vetou a abertura do que seria a Faculdade Paulistana de Saúde Pública. Marta não tinha, como exige a Constituição, garantido antes o pleno atendimento à educação fundamental e infantil.

espécie de Cingapura malufista da educação. Se os pobres paulistanos ou residentes em São Paulo fazem um samba sofrível, mal conseguem com seu funk ir além do verso de pé quebrado, algo tinha de ser feito para responder a essa incompetência turística dos nossos pobres.

À maneira paulistana — ou paulista, se quiserem —, resolveu-se optar por aquilo que o ex-petista Gabeira chamaria "produtivismo": escola superior para esses miseráveis! Engenharia? Medicina? Odontologia? Ora, claro que não! Será alguma coisa entre as tais ciências humanas e as ditas ciências sociais. Ou algo na área da baixa tecnologia, o que antigamente poderia ser aprendido numa boa escola técnica de nível médio. Reparem: a proposta não é fazer uma universidade que busque — desculpem o conservadorismo! — a eficiência técnica, a excelência intelectual, mas criar o ambiente propício ao pobrismo, ao desenvolvimento da chamada cultura identitária, que faça do pobre um teórico de suas mazelas, tornadas então em traços de resistência. Reacionários em geral não precisam se preocupar: Marta não quer incendiar as massas, não. Está dedicada apenas a educar direito as nossas empregadas. Se pobre carioca faz samba ou funk, o paulistano tem de aprender uma profissão, quem sabe servir à francesa. Para ser como a capital da Namíbia, que tanto encantou Lula: humilde, porém limpinho.

E, bem, não custa destacar. A revista *Business Week* da segunda semana do mês passado [dezembro de 2003] já deixou claro. Até a Índia cansou de ser Índia. O país cresceu uma média de fantásticos 6,1% entre 1993 e 2003. O sistema de castas, na prática, continua. Mas pede para acabar. O caminho para sair do buraco foi educação: de alta competência e de alta competitividade. O PT, oficialmente de esquerda, cria entre nós o modelo indiano, o antigo, que a própria Índia já não aceita mais.

O pior de tudo: sem praia, sem geografia de sonho a inspirar diminutivos líricos: barquinho, tardinha, banquinho...

Liberdade individual pra quê?*

A liberdade individual está em baixa no mundo, não menos no Brasil, e sinto a tentação de emendar à frase um "desde Rousseau" (para ajustar o foco dos adversários logo nas primeiras linhas), o "suíço, castelão e vagabundo" (as aspas são da prosa de Fernando Pessoa) que ousou imaginar um concerto de vontades para emprestar alguma ordem ao estado da natureza.

O bom filósofo já buscaria em Platão o ânimo para a exclusão dos que não servem às necessidades coletivas. Pode ser. Mas é com o "castelão" que a imposição da média surge como remédio dos males individuais e sociais; é com ele que o indivíduo passa a ser visto como "o outro" frontal, a ameaça a um pacto que, coibidas as vontades, traduziria uma média fria e corretiva dos excessos. Em vez de o Altíssimo desenhar com fogo as tábuas da lei, o Estado superior decide as regras da convivência.

Rousseau forneceu ainda as bases teóricas para a identificação dos sabotadores dessa média das vontades. Antes dele, o príncipe era convidado a optar entre ser amado e temido, já que todo projeto, como bem sabe o PT, é mesmo um projeto de poder: o resto é chute com aspiração científica. Com ele, surge a convicção de que se pode corrigir o indivíduo pela educação, pelo convencimento, pela argumentação. Se isso tudo falhar, é porque se está a lidar com um não-ser, com um excluído voluntário de uma relação contratual. Por meio da razão, vê-se, chega-se a um tipo de reentronização do demônio — não o que rouba almas, mas o que corrompe as vontades, distanciando-as do contrato social.

---

* Originalmente publicado na revista *Bravo!* nº 77, em fevereiro de 2004.

Foi em coisas assim que pensei quando li, no mês passado, que Emília Fernandes, titular de uma certa Secretaria de Políticas para as Mulheres — cuja função ignoro e, tenho certeza, ela também —, sugeriu que o "planejamento familiar" fosse considerado uma "exigência" (sic) para que os pobres tivessem acesso ao Bolsa-Família, o programa que resulta da unificação de todas as ações sociais herdadas de FHC e onde Lula colou o slogan do Fome Zero sem, no entanto, lhes conceder um tostão a mais. Ao contrário. Mas quem se importa ou se informa? Adiante.

Emília fez em seguida uma defesa entusiasmada da paternidade responsável e do "direito" que os pobres têm à informação, aos métodos contraceptivos. Atacou ainda a "hipocrisia" da Igreja Católica, que se opõe a tais práticas. Rousseau não conheceu Emília, só Emílio, mas certamente se entusiasmaria em saber que, debaixo daquela basta cabeleira, negra como as asas da graúna, fervilha um caldeirão de idéias, esconde-se uma alma pombalina, despótica e esclarecida. A proposta acabou descartada por Ana Fonseca, que era quem executava, até a reforma ministerial ao menos, as políticas sociais do governo Lula.

Por que tantos se calaram ou, pior, acharam a hipótese plausível? Simples! Está em vigência um conceito essencialmente autoritário do que vem a ser essa tal "cidadania". Não tenho dúvida de que políticas de Estado devam incentivar a educação, o sexo responsável, a leitura dos clássicos, a militância política, a abstenção de cigarros, o aleitamento materno e o consumo moderado de bacon. Mas há uma curiosa teoria em curso, caudatária, sim, de remendos de teses de esquerda vencidas ao longo da história, cuja falência se evidenciou no Fórum Social ocorrido na Índia, no mês passado [janeiro de 2004]: só se é "homem plenamente", "cidadão plenamente", "brasileiro plenamente" se respeitadas e cumpridas algumas precondições, também estas variáveis ao longo do tempo, segundo o grupo de pressão que consegue impor os seus valores. Ou, do contrário, se é um meio-homem, um meio-cidadão, um meio-brasileiro.

Desde logo, uma questão se coloca: o que faz, afinal de contas, do homem um homem? Ou, por outra: quais são os requisitos sem os quais o humano se reduz a um projeto a ser emendado, reescrito, reelaborado, repaginado, reformado, reeducado, para ser, então, elevado à condição superior, admitido no mundo da plena consciência? Quais são as ilusões de que temos de nos livrar, nesta caverna de sombras e rascunhos, para que possamos ter acesso à idéia límpida, escoimada de imperfeições, de interesses mundanos, de vocações mesquinhas? Como é que podemos saber quais são os nossos reais interesses, distinguindo-os das ilusões impostas pelo mercado ou pelas ideologias destinadas a solapar a nossa liberdade?

Pol Pot, no Camboja, tinha idéias e práticas muito precisas a respeito de processos de libertação da consciência. Quando seu reinado chegou ao fim, havia deixado 2 milhões de mortos. A China, na sua marcha rumo à pureza, que seduziu tantos intelectuais mundo afora, comparece com a cota de 65 milhões de vítimas. Era gente refratária às ditas contrapartidas. A ex-URSS, a pátria primeira do socialismo, deu sua modesta contribuição de uns tantos 20 milhões. Isso tudo é história. E sempre restará a alguns o consolo de que, afinal, os citados regimes fracassaram em criar "o verdadeiro socialismo", como se, em história, o "verdadeiro", assim como a consciência dos pobres de Emília, fosse um ponto de chegada, um devir, de que a realidade que se pode experimentar é mera etapa ou, pior ainda, falsificação.

Emília não expressou apenas a singela intenção de educar os pobres, de lhes oferecer informações para que possam, em tese ao menos, optar num universo maior de alternativas. O seu "planejamento familiar" — eufemismo para controle de natalidade, o que não é um mal em si, mas que se o chame pelo nome — foi proposto como uma "contrapartida" do assistido ao Estado. Aquilo que é oferecido como dádiva revelava-se uma discriminação, uma rejeição do outro, uma medida de intolerância com a diferença. Quem é que pode assegurar — e ninguém pode — à secretária que o que ela considera "paternidade irresponsável" não é também a expressão de uma vontade, legítima como qualquer outra, e traduz estratégias de sobrevivência num universo dado? De onde deriva a autoridade do Estado para impor a uma camada expressiva da população o número de filhos, a participação comunitária ou o consumo moderado de bacon?

Ademais, parece claro, estamos diante de um erro lógico, típico destes dias de idiotia do empirismo. Um empirista repara que, no inverno, os dias são mais curtos e frios e, no verão, mais longos e quentes. E conclui que a temperatura determina a extensão do dia. Como a "verdade" de sua percepção pode ser comprovada todos os dias, na seqüência interminável das estações, ela lhe parece irrefutável. Não é, evidentemente, o número de filhos que determina a pobreza e a paternidade irresponsável, mas é a pobreza que retira as condições da plena responsabilidade paterna, seja sobre um, seja sobre dez filhos. E ainda se releve que, dada uma condição qualquer, sempre se pode ser mais ou menos responsável. Nas últimas franjas do pensamento, é possível dizer que, vá lá, ainda assim, melhor que seja uma só criança, e não dez, a padecer as agruras econômicas de seus pais pobres. Mas isso cabe ao indivíduo decidir. O Estado, quando muito, pode oferecer os instrumentos da educação, jamais exigi-los como "contrapartida". Não numa democracia ao menos.

E pensar que já se chamou, um dia, muitos dias, de reacionário o pensamento de corte religioso que advoga uma "essência humana", a ser respeitada independentemente das vicissitudes, da condição material do sujeito, de suas escolhas, da adesão a este ou àquele programa. Confesso que tenho dificuldade de lidar com tal idéia e que me fiz na certeza de que esse "humano" é uma construção, de que expressamos até em nosso corpo esse tempo histórico, que somos, enfim, história encarnada.

Mas também me confesso em trânsito. Vislumbro, às vezes, mesmo sendo um agnóstico, no pensamento religioso, de matriz cristã (no caso, católica), um dos caminhos luminosos (e numinoso) a preservar, ainda que sob a tutela de uma "essência" que não consigo alcançar. Por meio dele talvez se conserve uma tal natureza humana que não depende dos donos do contrato social para existir. No dia em que um papa da Igreja Católica, por exemplo, ceder a todas as "evidências" do Estado leigo e racional, estaremos todos mais vulneráveis às reinações de dona Emília e do Estado, a um só tempo, petista e patrão. A cada dia mais patrão, diga-se, porque mais petista.

Amanhã nunca mais*

Quando eu era brasileiro, a exemplo de alguns dos que me lêem agora, também achava que o nacionalismo era uma virtude. Mas, com Drummond, aprendi depois, a duras penas, que há um momento em que "os bares se fecham/ e todas as virtudes se negam". Militante juvenil de esquerda, também fui presa fácil do feitiço do tempo, dos amanhãs que cantam a anunciar a definitiva aurora. Até o dia em que um ensaio de Walnice Nogueira Galvão — "MMPB: Uma Análise Ideológica" (do livro *Saco de Gatos*) — me chegou às mãos e "perturbou a minha poesia". Devia ser por volta de 1976, 1977. Veio por intermédio de um professor que me deu aula nos dois primeiros anos do colégio — por isso calculo a data. Eu tinha mais opiniões do que informação, mais cabelo do que barba. Aquele troço me incomodou.

Para quem não conhece o referido texto, que nem sei se Walnice endossaria hoje, a autora procede a uma análise do que chama de "Moderna Música Popular Brasileira" e identifica um cerne imobilista, conformista, expresso na pletora de versos a anunciar "o dia que virá". Geraldo Vandré, Caetano Veloso, Gilberto Gil, Edu Lobo, Chico Buarque (este com algumas ressalvas), ninguém escapa. Todos estão lá, como direi?, a convidar o ouvinte a deixar que a "esperança" (que é uma forma derivada do "dia que virá") vença o medo. E, enquanto o dia não vem, a gente faz o quê? Canta, ué! E já tá de bom tamanho. Não raro, o cantador deixa claro que o seu papel é levar ao público a

---

* Originalmente publicado na revista *Bravo!* nº 78, em março de 2004.

boa-nova, assim como um Virgílio de horizonte mais curto a anunciar o menino da Idade do Ouro. O ouvinte que vá à luta.

Não deixa de ser algo espantoso que Walnice tenha escrito tal texto, que eu saiba, em pleno fervilhar de 1968, o ano do AI-5, da ditadura escancarada. Ainda que algo de ultra-esquerdista esteja subjacente ao ensaio — afinal, o que ela ataca na idéia do "dia que virá" é seu viés conformista; parece ansiosa por alguma coisa mais chegada à ação direta, sei lá —, parece-me extraordinário que a autora tenha resolvido pensar a inutilidade de todos aqueles "amanhãs" mesmo em meio à voragem militante dos que imaginavam que a "MMPB" — e, por extensão, as manifestações artísticas — era uma forma vicária de guerrilha e de luta contra "o sistema". Nossa! Quem aí ainda se lembra do "sistema"? Acabo de me sentir um pterodáctilo com 42 anos de vôo sobre a terra devastada. Walnice era professora da USP em 1968 e foi perseguida pelo regime. Mas não se escusava de pensar, à diferença do que faz hoje boa parte da academia, que não é perseguida senão pela preguiça.

Trato de uma historinha, até aqui quase banal, para chegar ao que me interessa. Por razões opostas, claro, mas que se combinam, tanto o golpe militar de 1964 como o movimento das Diretas — que, não tenho dúvida, é a força seminal da eleição de Lula em 2002 — deixaram como grande e nefasto legado na cultura brasileira a consolidação de dois monumentais equívocos: o primeiro é a suposição de que a arte é um espaço que pode abrigar e substituir a militância política. O segundo está na questão identificada precocemente por Walnice (embora a minha inflexão teórica diante do problema seja provavelmente outra): a insuportável tara, bem brasileira, pelo futuro redentor.

É que "e na gente/ deu o hábito de caminhar pelas trevas/ de murmurar entre as pregas/ de tirar leite das pedras/ de ver o tempo correr", sempre à espera do dia em que "numa enchente amazônica/ numa explosão atlântica/ e a multidão vendo em pânico/ e a multidão vendo atônita/ ainda que tarde/ o seu despertar". Quem é do riscado identificou aí a música "Rosa-dos-Ventos", de Chico Buarque, de 1969. Esse falar para driblar, esse convocar para subentender, essa elegia paradoxalmente triunfalista, sempre a correr da censura do Estado patrão para anunciar a vitória final, que vem sempre como metáfora, parece ter contaminado a produção nacional de forma indelével.

Compositores, cineastas — estes muito especialmente —, poetas, romancistas, todos eles irmanados na certeza do caminho, ainda que confundindo Maiakóvski com Eduardo Alves da Costa, certos de que viram no horizonte o que parece ser o fim da história. Concretismo e Tropicalismo foram espasmos de ruptura com essa convicção da arte que salva e redime. Mas passaram deixando pouca história — até porque estavam excessivamente preocupados em se justificar e propor questões inaugurais.

Não custa lembrar de um patético poema, "Por um Brasil Cidadão", de Haroldo de Campos, escrito para a candidatura de Lula em 1994. Haroldo, que morreu no ano passado, certamente não contava ver Lula no poder a construir a tal cidadania em companhia de cidadãos notórios como Roberto Jefferson, Valdemar Costa Neto, os que se dizem bispos da Igreja Universal e José Sarney. Tais alianças, é claro, não mudam a qualidade do poema. Só evidenciam a sua inutilidade como discurso político e a sua politicagem de circunstância como discurso poético. A única tentativa honesta que vi de desmascarar aquela soma de trocadilho, mistificação e ignorância política foi de pronto rebatida pelos cães de guarda do Concretismo — a ditadura que ainda não passou. Mas isso é atalho.

O equívoco em que incorrem os que procuram fazer da produção artística o abrigo privilegiado das querelas mundanas, herança que nos ficou da ditadura de 1964 e também da descoberta dessa tal "cidadania", em 1984 — e desse equívoco, vê-se, não escapou nem mesmo um autor de formação universalista como Haroldo, acusado de alienado pelos panfletários dos anos 60 —, é justamente a suposição de que à arte cumpre dar uma resposta aos desafios da política, da sociedade, da economia, embora, é evidente, não tenha autonomia teórica, conceitual, histórica e técnica para tanto.

Há, é incontestável, achados extraordinários, por exemplo, no cinema de Glauber Rocha. Mas como não ver ali a tentação totalizante? Embora, é bom que se diga, Glauber filmasse abraçado a seu desespero, e não a esse "esperancismo" choramingas que é tão nosso. Mas queria menos fazer um filme do que relatar a alma profunda do Brasil desde o fim. Uma coisa boa do moderno cinema brasileiro é que ele anda mais modesto. Já aceita narrar "uma" história em vez de narrar "a" história.

A tragédia grega, Shakespeare, Camões, Fernando Pessoa ou Machado de Assis não permanecem como referências por causa do que relatam ou de circunstancial ou de devir. A escolástica marxista só teria como justificar essa permanência como expressão de uma fase superada da experiência humana, já que também a arte, por suposto, há de avançar e expressar, como tudo o mais, a consciência de um sujeito histórico: a classe operária. Sabemos onde isso foi dar: no realismo socialista e seus horrores.

A resposta, parece-me, que preserva a produção cultural dos poderosos de plantão e do vagabundismo de seus discursos autojustificadores, está ou num idealismo à moda antiga (e nem por isso condenável), sempre à procura de uma inencontrável essência humana, atemporal e, por isso, não subordinável ao contingente (não é essa a minha escolha) ou num distanciamento, que eu pretendo que seja quase raivoso, necessariamente pessimista, de tudo o que não for uma verdade tão-somente subjetiva, individual, intransferível.

Nesse caso, e essa é a minha escolha, advogo uma arte alienada, decadentista, livre de qualquer bom propósito e de qualquer bom sentimento. Aceito como legítimos, nessa minha escolha, todos os passadismos, todas as vocações artisticamente reacionárias, todos os sebastianismos de qualquer língua, todos os borgismos.

Minha única condição será esta: amanhã nunca mais!

Cultura da diluição*

Não sou só eu, tenho a certeza, que vivo a sensação de que a produção cultural contemporânea, aqui e lá fora, padece de uma irrelevância danada, o que só aumenta a responsabilidade de quem se habilita a tratar do assunto, a exemplo desta valente *Bravo!*. No Brasil, o sentimento de frustração é ainda maior porque se viveu a ilusão de que um governo de esquerda pudesse alavancar, com particular competência, as manifestações artísticas e o pensamento. Alimentou-se a fantasia de que, finalmente, como se dizia lá no jurássico 1968 francês, a imaginação estava chegando ao poder.

Descobrimos todos, ou descobriram os que tinham por horizonte aquela expectativa, que o florescimento cultural — ainda que sejam flores do mal — demanda bem mais do que retórica, voluntarismo, atos de vontade. Tanto no Brasilzão velho de guerra como mundo afora, depois dos anos 60, identificou-se excessivamente a arte e, de maneira mais ampla, a cultura com o discurso da negação. E não uma negação qualquer: ela ambiciona ter um caráter político, ideológico e, em certos casos, até mesmo partidário. À medida que não se realizam as obras que expressam esse novo momento ou à medida que um novo momento não vem para justificar a utopia de certas obras, experimenta-se a sensação do vazio e de mais do mesmo também na área cultural.

Essa sensação, reitero, não é só brasileira. Ganha relevo por aqui porque se esperavam amanhãs brotando no jardim das utopias por conta

---

* Originalmente publicado na revista *Bravo!* nº 87, em dezembro de 2004.

de um suposto "novo poder". Lembremos os Estados Unidos de *Beleza Americana* ou *Magnólia* e a expressão do *malaise* da abastança que marca os dois filmes. É certo que mais da metade da humanidade daria um braço para ter a chance de contestar as misérias morais do capitalismo em vez de ter de se haver com a moral da miséria sem capital. Mas fazer o quê? A esquerda americana está triste de tanto ter o que consumir e pretende dividir conosco as suas aflições...

Se aqueles foram filmes da bonança da era Clinton, a era George W. Bush se contenta com um bestalhão do proselitismo vulgar como Michael Moore e suas mentiras. A América Vermelha (a cor do Partido Republicano) das eleições de 2 de novembro [de 2004] evidencia quanto o cineasta grande e largo não entendeu o seu próprio povo, cavando, com sua visão estreita e suas fantasias conspiratórias, um pouco mais de vazio sob os pés de seus admiradores inconformados. A maioria nem mesmo se pergunta o que ele faria da vida se o democrata John Kerry vencesse as eleições.

Isso tudo que parece pequeno e até corriqueiro, trate-se de Brasil ou EUA, remete, suspeito, a questões bem mais complexas. Vocês já repararam que, regra geral, parecem inexistir arte ou pensamento relevantes que justifiquem o presente, que vivam em harmonia com ele? Ou, escrito de outra maneira: é como se houvesse uma incompatibilidade entre a criação artística ou a filosofia que contam e o conformismo. Curiosamente, no entanto, a produção cultural que atingiu a excelência, ganhando o estatuto de um "clássico", é justamente aquela em que a utopia (o "lugar nenhum") é autorizada por um tempo e um lugar historicamente definidos. Foi assim, para citar alguns exemplos, no século de Péricles, na Grécia; no reinado de Otávio Augusto, em Roma, e em vários períodos do Renascimento.

Nos três casos, fez-se o que hoje chamaríamos de "obra de encomenda": o poder do Estado era a base material que sustentava a imaginação do pensador ou artista. Mas o que nos chega só resistiu ao tempo porque dotado de um núcleo insubordinável à metafísica mundana à qual a obra atendia. Se submetermos, por exemplo, a produção de Virgílio a uma análise mais acurada, encontraremos ali conteúdos que transcendem a retórica da justificação, inalcançáveis pelo poder temporal. Se, na *Eneida*, ele canta as glórias primitivas de um povo que viria, então, a consolidar o poder imperial que sustentava, literalmente, a pena do poeta, nas *Bucólicas* e nas *Geórgicas*, já houvera cantado um certo enfaro com toda aquela grandeza. A utopia virgiliana é saudosista — de certo modo, regressiva — e constitui a sua maneira de exercer a negação, de impor-se, como artista individual, sobre uma espécie de contrato que mantinha com o seu tempo. O cortesão rebelava-se na única rebelião possível a um artista: a sua arte.

Mas que se note bem: não se tratava de um discurso explícito da negação, da articulação de um conjunto de conteúdos que aspirassem a um programa. Ao contrário: o que há de — e cabe a palavra que vou usar — subversivo na sua poesia, ou na pintura renascentista, só é perceptível com o concurso da interpretação. É preciso que entendamos um pouco da mentalidade e da esfera de valores do que veio a ser a "*pax romana*" de Augusto se queremos capturar um Virgílio além do óbvio. Mais que isso: é preciso que se entenda como foi que a civilização romana chegou a produzir um Virgílio.

Num magnífico ensaio chamado "O que é um Clássico?", T. S. Eliot ilumina, como quase sempre, a inteligência: "(...) um clássico só pode aparecer quando uma civilização estiver madura, quando uma língua e uma literatura estiverem maduras; e deve constituir a obra de uma mente madura. É a importância dessa civilização e dessa língua, bem como a abrangência da mente do poeta individual, que proporcionam a universalidade. (...) A maturidade de uma literatura é um reflexo da sociedade dentro da qual ela se manifesta: um autor individual

— especialmente Shakespeare e Virgílio — pode fazer muito para desenvolver sua língua, mas não pode conduzir essa língua à maturidade a menos que a obra de seus antecessores a tenha preparado para seu retoque final. Por conseguinte, uma literatura amadurecida tem uma história atrás de si. (...) Dentro de suas limitações formais, o clássico deve expressar o máximo possível da gama total de sentimento que representa o caráter do povo que fala essa língua" (*De Poesia e Poetas*, T. S. Eliot, tradução de Ivan Junqueira, editora Brasiliense).

Duvido que se possa escrever melhor o que ali vai. Ainda que, como observei, Virgílio tenha seus momentos de inconformismo ou de desconformidade com a Roma imperial (ou em vias de se tornar império), ele é a expressão madura — e particular — da civilização que o fez, que ele carrega como um valor. Mas e nós? Repararam como parecemos odiar, com rancor profundo, qualquer coisa que se entenda como civilização ocidental? Falo de um "nós" para me incluir e incluí-los, leitores, num tempo. Mas nos pretendo fora desse ódio, é claro! A cada vez que me lembro de que Sartre distribuía panfletos maoístas nas esquinas de Paris, sou tentado a fazer com seus livros o que Mao Tsé-tung fazia com os livros dos outros. Só não cedo à tentação por duas razões: 1) porque Sartre já não era mais dono do que escrevera; 2) porque, é óbvio, Sartre e Mao estavam errados.

Quando as Torres Gêmeas ruíram, vimos e ouvimos os choros e o lamento do *establishment* político norte-americano. A estética "honrada-pátria-ferida" da Fox News antecipava, como emblema, que dias difíceis viriam pela frente. Mas não foram menos barulhentos os cantos de glória dos que antecipavam, cá no Ocidente (no Brasil também), com júbilo, o fim de uma era. Os mais entusiasmados chegaram a escrever que o Islã, que nós teríamos ora esmagado, ora ignorado, lembrava existir, agora como realidade impositiva. No fundo, culpavam-se as vítimas por sua própria desgraça. Tempos antes de morrer, o sociólogo

Octavio Ianni, ícone da esquerda, concedia uma entrevista e conferia ao ataque terrorista de Osama bin Laden o estatuto de luta revolucionária. Para ele, a classificação de "terrorista" para um gesto como aquele era, vejam só!, uma distorção ideológica.

No dia 12 de outubro, Walnice Nogueira Galvão, professora titular de teoria literária e literatura comparada na USP, e Afonso G. Ferreira, diretor de pesquisa do Centre National de la Recherche Scientifique, da França, publicaram um artigo na *Folha de S.Paulo* em que, com argumentação que considero torta (leiam: www1.folha.uol.com.br/fsp/opiniao/fz1210200410.htm), defendiam o diálogo dos governos ocidentais com o terror já que, no fim das contas, também há Estados terroristas. Ambos querem Osama bin Laden admitido no mundo dos homens admissíveis. Afinal, argumentam, ele poderá, um dia, praticar terror nuclear. Então, segundo entendo, é o caso de declararmos a vitória do facínora antes mesmo que ele a obtenha. Tenho a impressão de que os dois, por razões, claro!, humanitárias e preventivas, dispensariam a Hitler o tratamento que lhe vinha dispensando Chamberlain até 10 de maio de 1940 em vez de aceitar a lógica de Churchill.

Não sei se percebem o sentido de um percurso que parte da irrelevância de boa parte da produção cultural contemporânea, passando por Virgílio, Eliot e chegando a gente como Michael Moore, Ianni e Walnice Nogueira Galvão. Precisamos saber se há um mundo e um conjunto de valores nisso a que se chama Ocidente — tão diverso em si mesmo, sei disso — que estamos dispostos a defender. Ou se acreditamos que o "outro" (ou "outros"), ainda que queira nos destruir e nos considere a todos essencialmente contaminados pelo mal ancestral, tem uma razão com a qual devemos condescender e dialogar.

Tenho para mim que esse nosso mundo, o da democracia ocidental, que adoramos detestar, é o único capaz de sustentar a razão crítica, herança, em função de causas que já não cabem neste artigo, do humanismo cristão, que supõe o exame de consciência como um dever, um imperativo ético. É dessa liberdade conquistada que fazemos todo o resto, incluindo os erros monumentais. Bush, o tal facinoroso terrível, poderia ter ido para o ralo por força das urnas. Mas quem há de tirar do poder os ditadores árabes que fazem com seu próprio povo o que achamos horrível (e é mesmo) que o presidente americano faça com os iraquianos?

Eliot via em Virgílio, em suma, o ápice de uma civilização que o antecedeu. O poeta latino foi aquele que expressou melhor o que aprendeu, emprestando àquele patrimônio a marca de seu próprio gênio. Se tudo — de uma bienal de artes plásticas à literatura, passando pelo cinema e pela literatura — nos parece excessivamente fragmentado, diluído, corroído pela ausência de sentido e por particularismos exóticos a pretexto de militância multiculturalista, é o caso de perguntarmos: qual é a civilização de que tais obras são, a um só tempo, procuradoras e inquisidoras?

A Fuvest e a catraca*

Sou quase um militante em favor da escola. Começo a me arrepender. Talvez a boa causa esteja na luta para reconhecer como legítima a educação doméstica, ministrada por professores escolhidos pelos pais. Nessa área, inexiste Estado leigo no Brasil. Está contaminado pela burrice, pela vulgaridade ideológica e pela vulgata marxista (e preservo dessa crítica os que estudam a sério a obra de Marx), não raro redigida e propagada por ineptos. Quem não me deixa mentir é a Fuvest, a fundação que elabora os vestibulares para a Universidade de São Paulo, a maior do país.

Na segunda fase da prova de língua portuguesa e redação [do vestibular de 2005], pediram aos candidatos que dissertassem sobre a "descatracalização da vida". O que inspirou o examinador foi uma catraca "instalada" por "artistas" no largo do Arouche, em São Paulo, e um manifesto lançado num site pelo grupo Contra Filé. Assim se exprimem os candidatos a Schopenhauer de nossas angústias urbanas: "A catraca representa um signo revelador do controle biopolítico, através de forças visíveis e/ou invisíveis. Por quantas catracas passamos diariamente? Por quantas não passamos, apesar de termos a sensação de passar?".

Santo Deus! Noto, de saída, que a Fuvest faz isso tudo com dinheiro público. Recebe da USP uma dotação orçamentária para produzir tal maravilha. A mera análise sintática do trecho deixa entrever a suspeita de demência. O que será "controle biopolítico"? Que diabo de mato a

---

* Originalmente publicado na revista *Bravo!* n° 89, em fevereiro de 2005.

243

fundação andou queimando para acreditar que havia em tal palavrório pomposo e oco algo digno de reflexão, constrangendo os vestibulandos a fazer digressões a respeito? Tolice? Descuido? Despreparo? Infelizmente, o mal que a escolha revela vai muito além do acaso, do desvio acidental, da falha. E isso fica patente em outras questões dessa mesma prova e nas provas de outras disciplinas da chamada área de "humanas", essa terra de ninguém. Os estudantes, especialmente os das escolas particulares do ensino médio, estão submetidos ao pensamento único, que é pensamento nenhum, de esquerdistas da desídia. A pretexto de praticar "educação crítica", chamam de "método" a extravagância teórica, o opinionismo, a ideologização da história, a patrulha, a rebeldia incompetente, o achismo iletrado.

O destino de muitos brasileiros — nessa fase da vida em que o vestibular é uma espécie de conclusão de jornada e, se me permitem o clichê, ritual de passagem — ficou nas mãos de uma banca que nada terá a avaliar, por mais competente e séria que seja, além de sua aquiescência com o subjetivismo alheio. Ainda que se pudesse dizer que ao candidato era facultado combater a proposição, é evidente a simpatia do examinador pela, como direi?, tese. Ou não reproduziria, como informação adicional à notícia de jornal, um texto vazado em linguagem energúmena. Isso tudo num país em que, ao contrário do que pretendem o tal Contra Filé e a Fuvest, o que falta é justamente catraca.

A sociedade carece é de meios mais eficazes para controlar o Estado ineficiente e as práticas corruptas dos governos. Precisamos, isto sim, é de mais "catracas" para combater os desvios do Bolsa-Família, a roubalheira histórica no INSS e na Previdência, o cartão de crédito sem limite de meia dúzia de espertalhões da República, a indústria de invasão e distribuição de terras, a especulação com títulos públicos ou o uso de aviões da FAB por amigos do filho do presidente. Países que saíram da indigência são exatamente aqueles que conseguiram organizar uma burocracia profissional para o fortalecimento da cidadania e, pois, da grande "catraca" do desenvolvimento, que é a democracia.

Duvido que a Fuvest saiba do que estou falando. Ler Tocqueville ou Max Weber é coisa trabalhosa e requer mais reflexão do que aquela militância da desídia. Essa conversa de boteco proposta aos estudantes, formada de escombros e rudimentos de utopias regressivas e vencidas, permite à fundação, no máximo, exercitar a cachaça da contestação. Ouvem-se aí verberações interrompidas de Marcuse, de Foucault, do pior Sartre, até de um Habermas — para modernizar a disposição de luta contra o, sei lá, capitalismo talvez.

Enquanto nações emergentes que pretendem sobreviver ao século XXI — e isso vale até para a ditadura sanguinária da China, que a esquerda admira tanto — buscam capacitar seus jovens para enfrentar o mundo contemporâneo, no Brasil, a Fuvest os estimula à resistência. Resistência ativa ao menos? Não! Subjetiva, passiva, reclamona, choramingas, impotente. A fundação não se dispõe a testá-los para saber se estão aptos para a disputa; parece é buscar companheiros para a sua melancolia. Não quer descobrir senhores de seu próprio destino, mas escravos loquazes das circunstâncias que estariam acima de sua compreensão e de sua escolha.

Exagero? Não mesmo! Por curiosidade, resolvi ler toda a prova de língua portuguesa. Vivemos na terra devastada. E nada vai acontecer porque essa cultura subesquerdista — ou alguém realmente acredita que essa gente leu Marx ou Habermas? — compõe o *establishment* intelectual do país. Não há uma miserável questão que teste se o candidato sabe empregar o subjuntivo numa oração subordinada. A gramática foi banida das escolas e do vestibular.

Trechos de Carlos Drummond, Clarice Lispector, Graciliano Ramos, Guimarães Rosa ou Manuel Bandeira convidam o estudante a meras perífrases interpretativas, o que, de novo, faz do candidato refém da idiossincrasia oficial e de quem corrige a prova. É sintoma de outra doença que tomou conta do ensino: joga-se no lixo a história da literatura em benefício de uma certa "interpretação de texto". Normal, claro, num exame em que o cristianismo é chamado de "modalidade religiosa". Modalidade? Ok, não se exige que essa gente tenha lido Kant ou Aristóteles para adequar os termos à sua razão histórica e filosófica. Mas custa consultar ao menos o dicionário?

Comecei a achar a coisa divertida. Migrei para as provas de história. Reparem nesta questão da primeira fase: "(...) a atual renovação do mercado mundial autoregulador [sic] já enunciou veredictos insuportáveis. Comunidades, países e até continentes inteiros (...) foram declarados 'supérfluos', desnecessários à economia cambiante da acumulação de capital em escala mundial (...) o desligamento dessas comunidades e locais 'supérfluos' do sistema de abastecimento mundial desencadeou inúmeras divergências... sobre 'quem é mais supérfluo do que quem'". O trecho pertence ao livro *O Longo Século XX*, de Giovanni Arrighi. Pois bem. O examinador quis saber quais foram os fatores que, "na década de 1980, contribuíram decisivamente para tal situação".

A alternativa "a", embora estúpida, era a considerada correta: "a hegemonia do neoliberalismo e o colapso da União Soviética". Lamento a suposição, eu juro, mas é preciso não ter lido o livro para circunscrever à década de 1980 o processo descrito pelo autor. E aqui as coisas se complicam. Neste e em outros livros, especialmente *60 Lições dos 90* (editora Record), Arrighi defende rigorosamente a tese contrária àquela que o exame enuncia (embora não anuncie). Para ele, a hegemonia americana está em crise, e um novo ciclo ou fase do capitalismo se desenha lá pelas bandas da Ásia e do Pacífico. A sua constatação, no trecho citado, nada tem de moral. O "neoliberalismo" (ah, como é bom malhar o Consenso de Washington!) e a crise da União Soviética não são "fatores" que desencadearam aquele processo, mas conseqüências, desdobramentos, de uma forma da acumulação capitalista que estaria em vias de esgotamento. Noto à margem que uma boa parcela da esquerda estudiosa, uma minoria que não baba sobre o "neoliberalismo", vive às turras com Arrighi.

Ora, na forma como vem apresentada a coisa toda, só resta ao estudante concluir que esse tal "neoliberalismo" — imposto ao mundo pelos americanos, é claro! — e o infortúnio para a humanidade que foi o fim da URSS é que contribuíram para empurrar alguns países para a obsolescência e a irrelevância. Integrados antes, coitados!, foram colhidos por esses dois tsunamis históricos. Lida a coisa toda em retrospectiva, houvesse ainda a ditadura soviética e não fossem os malvados neoliberais, estaríamos todos vivendo num mundo mais justo e integrado. Importante: o colapso soviético se deu na década de 1990, e não na de 80!

E o que é fato? Nos últimos vinte anos, exatamente aqueles que assistiram a esses eventos, considerados Índia, China, Coréia do Sul, Tailândia, Indonésia (antes das ondas...) e alguns outros países asiáticos, mais de um bilhão de pessoas, quase um sexto da humanidade, foram arrancadas da miséria e lançadas no mundo do consumo. Nunca se fez nada em tal proporção em tempo tão curto. Outrossim, a maioria dos desastres econômicos na América Latina e na África é obra pela qual só podem responder as comunidades locais.

O que vai na prova da Fuvest como verdade científica é proselitismo rasteiro. Uma das questões alude às várias referências de Marx em *O Capital* ao "proletariado" na Roma antiga. Tratava-se de mera idéia associativa. Assim se exprimia para encarecer o fato de que pequenos proprietários de terra expropriados perderam tudo, exceto sua força de trabalho. A Fuvest não só considera a equivalência como ainda aproveita a oportunidade para estabelecer um paradoxo de história comparada: se, na Roma antiga, aquele "proletariado" era sustentado pelo Estado, "na modernidade, o proletariado sustenta o Estado".

E uma bobagem pantagruélica. Acreditem em Marx, não em mim. Numa carta a um jornal, em 1877, escreveu: "Os proletários romanos transformaram-se não em trabalhadores assalariados, mas em plebe ociosa (...), e junto a eles não se desenvolveu um modo de produção capitalista, mas escravista. Portanto, acontecimentos de uma surpreendente analogia, mas que ocorreram em meios históricos diferentes, levaram a resultados inteiramente distintos". Ou por outra: analogia não é história, e a relação estabelecida na prova é uma besteira teórica (não pode haver proletariado, em sentido marxista, sem capitalismo) e uma fraude histórica: Marx não escreveu o que dizem que escreveu. Ignoram-se, pois, a um só tempo, Marx, Roma antiga, proletariado e modernidade.

Em outra questão, Robespierre, o assassino contumaz, é usado como pretexto para levar o candidato a atacar a intervenção americana no Iraque. Assim chegamos à terra devastada. Ok, ok, sei o que me aguarda. À luta!

Os intelectuais e o governo
Triunfo da *burritsia**

O divórcio entre a crítica acadêmica e a produção cultural torna-se, ele próprio, matéria de controvérsia e arma, de um lado, o verbo de especialistas e candidatos a tanto e, de outro, o de jornalistas. Os dois grupos esgrimem a eficiência de sua gramática: uns supõem preservar da vulgaridade de mercado o conhecimento; os outros, escoimar a crítica de partidarismos teóricos. O que penso? Artigos de Paulo Francis civilizam mais do que tudo o que a academia escreveu, a seu tempo, sobre literatura, música, teatro ou cinema.

Na cultura, tudo pode, embora não deva, ser reduzido a divergências de gosto, e as afinidades eletivas turvam a objetividade. A irrelevância da produção universitária se esconde no discurso da denúncia do preconceito e da ignorância da mídia — embora se escolha a mídia como fórum para o debate, e não a academia. Por que será? Mas o que dizer quando se trata de política e economia?

Aí não há refúgio. Partidos, sociedade civil, imprensa, empresas e governo demandam a produção universitária, o apuro teórico e a crítica informada para que possam tomar decisões, interferir na realidade, confrontar avaliações, fazer história. Infelizmente, resta um formidável vazio, e, com freqüência, a ignorância da academia chega a ser espantosa. Acho desastroso para a inteligência que a universidade tenha ignorado o centenário de Cecília Meireles e o relançamento de *O Romancei-*

---

* Originalmente publicado na revista *Bravo!* nº 90, em março de 2005 *ro da Inconfidência*, que vale, sozinho, meio Drummond, mas convenha-se: não tem importância para a larga maioria. O Concretismo já se quis até, por metáfora, o bolchevismo da poesia (com legado, na literatura, semelhante ao do original nas liberdades), e ninguém sofreu por isso, a não ser os poetas. Mas quanto custam a ignorância e a partidarização dos intelectuais quando o objeto é a prosa viva da economia e da política?

Caro demais! Os governos FHC e Lula falam por si. A face loquaz da academia passou oito anos combatendo os moinhos de vento do neoliberalismo e ignorou, por exemplo, a profissionalização da assistência social, que reduziu drasticamente a miséria do país, como sabem a ONU e o IBGE. Os "intelectuais", coro regido pela midiática Marilena Chaui, não sabiam a diferença entre taxa Selic e *spread* bancário, mas pareciam convictos de que a venda da Telebrás prejudicava os pobres, que nem sonhavam em pôr seus olhos, já mais gordos do que magros, num telefone. Marilena hoje diz não ler jornal nem ver TV. Que a decisão a leve à boa filosofia tanto quanto a exposição a levou à má política. À diferença da poesia gauche do Quixote, esses intelectuais não sabiam quanto não sabiam, mas sabiam bem o que queriam.

Uma digressão: no dia 10 do mês passado [fevereiro de 2005], comemoraram-se os 25 anos do PT, partido de três vertentes originais: a elite sindical, egressos do pré-64 e setores da Igreja. Os primeiros forneciam o pão; os segundos, o sangue do martírio; e os últimos, o confronto entre o bem socialista e o mal capitalista. Não-revolucionários por definição, já que nasciam no ambiente da ordem — e ordem militar —, os petistas reivindicaram, ainda assim, a condição de militantes da utopia socialista. O meio em que prosperaram foi a universidade, emblematicamente representada, então, por Sérgio Buarque de Holanda e Antonio Candido, presentes à fundação do partido no Colégio Sion, em São Paulo, no dia 10 de fevereiro de 1980.

A universidade, antes do golpe, já era o centro da militância de esquerda e principal fornecedora de mão-de-obra às várias utopias sangrentas que disputavam o comando da "revolução". Mas algo mudava em 1980. A crítica ao elitismo da esquerda pré-golpe se deu por meio da proletarização do saber universitário. Em vez de a universidade ser uma referência técnica e até política para os sindicatos (já que era obrigatório ser de esquerda), foram os sindicatos que emprestaram seu modelo à universidade; em vez de os economistas e os sociólogos produzirem respostas alternativas aos trabalhadores, foram os sindicalistas que passaram a instruir os professores; em vez de o ensino tornar mais inteligente o sindicato, foi o sindicato que emburreceu a academia. O auge da produção intelectual do período foram as greves gerais de professores.

Primórdios de uma formidável impostura. Jamais se viu, como hoje, universidade tão clamorosamente inútil e vergonhosamente subserviente, sempre lembrando as exceções. Em regra, os embates na sociedade se dão sem que os atores políticos se lembrem de indagar os acadêmicos. E reitero: a demanda por sua participação é enorme. E por que a paralisia?

Em primeiro lugar, observo que boa parte dos brasileiros pagos para pensar está subordinada à militância partidário-sindical.

Um artigo de Antonio Candido, há muito a vaca sagrada da *intelligentsia*, incensada pela *burritsia* muda, é emblema da subserviência. Falarei dele mais adiante. Em segundo lugar, considere-se que, dada a disjuntiva que caracteriza o PT (que se ajoelha no altar da ortodoxia e, à socapa, acende velas ao demônio do autoritarismo, com CFJs, Ancinavs e MPs confiscatórias), quem não é, a exemplo de Candido, prosélito do "socialismo", vê no partido as melhores chances do mercadismo. Assim, intelectuais de centros privados de excelência acadêmica aplaudem a "coragem" e a "correção" da equipe econômica. É o samba da academia doida: Marilena, Candido e a patota esquerdista, que sonham com o socialismo, devem considerar que os juros mais altos do mundo e o superávit de 4,25% (que não paga nem a conta desses juros) são o caminho mais curto entre o capitalismo que detestam e o socialismo que veneram.

Os que sabem o que falam (não raro, dublês de professores e consultores do setor financeiro), ao tecer loas ao governo, tripudiam sobre a ignorância dos utopistas de esquerda. No artigo que escreveu em homenagem aos 25 anos do PT, depois de falar diversas vezes em "socialismo democrático", Candido vê assim o partido: "Desta concepção resulta uma visão que tenho chamado 'bifocal', comportando uma mirada ao longe, que visa à instauração do socialismo, e uma mirada de perto, que procura acomodar as aspirações socialistas às limitações da conjuntura". Um: sempre que alguém fala em "socialismo democrático", procuro saber onde ele esconde o revólver. Dois: o patriarca dos intelectuais está convicto de que Lula está "acomodando as aspirações socialistas às limitações da conjuntura". Ou seja, o horizonte é socialista.

Não vou provar que o PT não é socialista, como ele diz. Deixo isso para outro intelectual, Francisco de Oliveira, petista arrependido, que fez picadinho do partido no ensaio "O Ornitorrinco". Decepcionou-se com sua guinada conservadora. É um bom sociólogo, mas escolhe mal as alegorias de combate. Se o PT se tornou esse bicho com bico socialista e tetas mercadistas, é porque tem um DNA que lhe fornece as duas características. O que ele queria? Dar calote nas dívidas interna e externa? Mandar o FMI às favas? Ele nunca escreveu um só documento de economia política para o partido. Estava ocupado desconstruindo FHC. E o que ele não escreveu não foi escrito por ninguém.

Candido, com o respeito que lhe devo por *Formação da Literatura Brasileira*, não está interessado em saber a eficiência do *swap* cambial na arbitragem do preço do dólar. Basta-lhe "uma mirada ao longe" para vislumbrar a "instauração do socialismo". É um homem das idéias! Mas não está de todo errado em sua fantasmagoria. Se os acadêmicos integrados tripudiam sobre a ignorância dos humanistas apocalípticos, é preciso que fique claro que o jogo não terminou. É, sim, tolice rematada supor que o PT vá instaurar o socialismo à moda leninista — ou stalinista, já que até Lênin teve de "acomodar as aspirações socialistas às limitações da conjuntura". Não vai. E nem por isso é democrático ou desistiu de impor a agenda de controle da sociedade. A adesão à economia de mercado, com fundamentalismo aparente que choca até John Williamson, o pai do Consenso de Washington, é instrumento não do socialismo democrático (pobre Candido...), mas de uma construção autoritária, tendente a totalitária, de poder.

Candido vem em meu socorro. Referindo-se às muitas críticas que Lula enfrenta da própria esquerda, diz compreender "a dificuldade que há em passar do projeto à realização". E emenda: "(...) lamento que vários companheiros tenham deixado o Partido e penso que é preciso militar de maneira constante dentro, não fora dele, para ajudar o governo a não se desgovernar e a extrair de si mesmo o que outros partidos que chegaram ao poder não têm: o compromisso com a transformação da sociedade em sentido igualitário".

Eis ali a suma do pensamento totalitário. Candido cassa o direito à divergência e à dissidência e reproduz, com suas palavras, o que Gramsci imaginou para o partido político tomado como o Moderno Príncipe: "O moderno Príncipe, desenvolvendo-se, subverte todo o sistema de relações intelectuais e morais, uma vez que seu desenvolvimento significa, de fato, que todo ato é concebido como útil ou prejudicial, como virtuoso ou criminoso, somente na medida em que tem como ponto de referência o próprio moderno Príncipe e serve ou para aumentar seu poder ou para opor-se a ele. O Príncipe toma o lugar, nas consciências, da divindade ou do imperativo categórico, torna-se a base de um laicismo moderno e de uma completa laicização de toda a vida e de todas as relações de costume".

Ressalvando as exceções de sempre, os acadêmicos estão divididos entre o aplauso ao PT dito responsável (aquele de Palocci) e a subserviência escrava a um ente de razão com o qual não é legítimo nem mesmo romper. Afinal, esse partido quer a "sociedade igualitária". A suposta pureza moral congênita dessa abstração tem o poder até de santificar o crime. E, como se lê, quem grita é a mídia, não a academia.

Fontes Garamond e Univers
Papel Off set 75 g/m^2
Impressão Bartira Gráfica
Em Agosto de 2007